Ene, mene, mei – ich koche einen Brei

Aus einem Grundrezept viele leckere Variationen zaubern – so gelingt es:

Sofort erkennbar:
Die richtige Altersstufe

Die Basis:
Das einfache Grundrezept

Vielfältig:
mit unzähligen und
abwechslungsreichen
Variationen

Praktisch:
1 x essen, 9 x einfrieren

MITTAGESSEN

6. – 9. MONAT

2

Gemüse-Kartoffel-Fleisch-Brei

Der Brei ist sehr nährstoffreich und sättigend.
Sein wertvollster Inhaltsstoff ist hochwertiges
Eisen – denn mit etwa einem halben Jahr steigt
Babys Bedarf an Eisen.

Grundrezept — 30 Min.

1 Port.		10 Port.
50 g	Kartoffeln	500 g
100 g	Gemüse	1 kg
30 g	mageres Fleisch	300 g
2 EL	Vitamin-C-reicher Obstsaft	20 EL
1 EL	Rapsöl	10 EL

Variationen

Gut verträgliches Gemüse
Brokkoli, Fenchel, Kohlrabi,
Artischocke, Kürbis, Mangold,
Möhre, Pastinake, Spargel,
Spinat, Steckrübe, Süßkartoffel,
Zucchini

Mageres Fleisch
Rind, Kalb, Schwein, Geflügel
oder Lamm

Babys Top-3
- Kohlrabi-Kartoffel-Brei mit Schwein
- Pastinaken-Kartoffel-Brei mit Lamm
- Zucchini-Kartoffel-Brei mit Rind

- Die Kartoffeln schälen. Das Gemüse ebenfalls
schälen. Beides in kleine Stücke schneiden. Das
Fleisch unter fließendem Wasser abspülen und mit
Küchenpapier trocken tupfen. In etwa 1 cm große
Würfel schneiden.

- Kartoffeln, Gemüse und Fleisch mit wenig Wasser
in einen Topf geben. Alles im geschlossenen Topf in
etwa 20 Min. weich dünsten. TK-Gemüse nach Packungsanweisung kurz vor Ende der Garzeit mit in
den Topf geben.

- Den Topf von der Herdplatte nehmen. Den Brei mit
etwas Kochwasser fein pürieren. Den Saft und das
Rapsöl zufügen und unterrühren. Den Brei frisch
gekocht servieren oder als Einzelportionen einfrieren.

Unser Vorschlag:
Diese 3 Variationen
schmecken am besten

Einfach:
Die Zubereitung

82

Die Autorin

 **Dunja Rieber** ist Journalistin und Ernährungswissenschaftlerin. Sie schreibt für verschiedene Zeitschriften und Zeitungen und informiert Eltern und Leser rund um das Thema Ernährung, Baby und Lebensmittel. Für ihre Arbeit wurde sie 2008 mit dem Journalistenpreis der Deutschen Gesellschaft für Ernährung (DGE) ausgezeichnet. So lebendig wie das Leben mit ihrer mittlerweile zweijährigen Tochter jetzt ist, war auch die »Breizeit«: Mit viel Kreativität und Fachwissen hat Dunja Rieber immer wieder bewährte Grundrezepte variiert – je nach Vorlieben der Tochter und dem Angebot auf dem Wochenmarkt. So entstanden gesunde und leckere Breie sowie kleine Gerichte für danach, die sie in »Eins, zwei – Brei« für Sie zusammengestellt hat.

Dipl. oec. troph. Dunja Rieber

EINS, ZWEI – BREI

Einfache Grundrezepte, x-mal variiert

9

Her mit dem Brei – jetzt wird gelöffelt!

Ihr Baby bekommt langsam Lust auf feste Kost? Dann kann die Breizeit beginnen! Doch Brei essen ist ein ganz schönes Abenteuer – für Babys und Eltern. Denn wann genau dürfen die Kleinen mit der Beikost beginnen? Isst mein Kind genug? Und was, wenn es ihm nicht schmeckt? Um Ihnen den Start zu erleichtern, finden Sie im ersten Kapitel praxiserprobte Tipps erfahrener Mütter und Experten, die Neu-Mamas den Beikost-Start erleichtern. Wenn in Ihrer Familie Allergien oder Unverträglichkeiten vorkommen, helfen die neuesten wissenschaftlichen Erkenntnisse, vorzubeugen und Allergien beim Baby zu verhindern. Außerdem: Fleischlos glücklich und optimal mit Nährstoffen versorgt? Darauf müssen Eltern achten.

41

Mmh, das schmeckt!
Brei für jede Phase

Babys Mahlzeiten – schnell und einfach selbst gekocht nach 30 leckeren Grundrezepten: Wählen Sie je nach Saison die Zutaten aus, die Ihrem Baby wirklich schmecken, die es verträgt und die Sie gerade frisch bekommen. Für Beikost-Starter gibt es feine Pürees, etwas später Brei mit kleinen Stücken zum Kauenüben. Für jede Phase sehen Sie auf einen Blick, was Ihr Baby in welchem Monat essen darf, und finden passende Rezepte, ab dem 9. Lebensmonat mit einfachen Koch-Ideen für erste gemeinsame Mahlzeiten. Einmal kochen – mehrmals füttern: Viele Gerichte können Sie für den Vorrat einfrieren und haben so immer etwas Gesundes für Ihr Baby im Haus. Das spart Zeit!

Jedes Baby is(s)t anders

Ben mag gerne Kürbis, Emma liebt Zucchini und Emil möchte am liebsten jeden Tag Möhren – Zucchini und Kürbis spuckt er wieder aus. Was nützen einem da vorgegebene Rezepte, wenn das eigene Baby ganz spezielle, andere Vorlieben und Verträglichkeiten hat?

Hier helfen meine flexiblen Grundrezepte: Die Grundrezepte entsprechen den Richtlinien des Forschungsinstitutes für Kinderernährung – des führenden Fachinstitutes in diesem Bereich in Deutschland. Für das Grundrezept wählen Sie bestimmte Komponenten individuell aus – je nachdem welche Obst- oder Gemüsesorten, welches Fleisch und welche Sättigungsbeilagen Ihrem Baby wirklich schmecken, welche es verträgt und welche Zutaten Sie gerade frisch auf dem Wochenmarkt, im Supermarkt oder in der Gemüsekiste finden. Vielleicht ernten Sie auch selbst in Ihrem Garten, und zurzeit ist der Mangold reif?

Alles rund um die Themen entspannter Beikost-Start, gesunde Ernährung, Gläschen und Allergien finden Sie im ersten Teil des Buches. Und weil Eltern vor allem in den ersten Lebensmonaten ihres Babys wenig Zeit zum Lesen haben, finden Sie in diesem Buch keine langatmigen Texte, sondern alle Infos kompakt in Form eines Frage-&-Antwort-Kapitels.

Im Lebensmittel-Lexikon erfahren Sie mehr über die gängigen Anfänger-Speisen für jede Altersstufe. Hier lesen Sie auch mehr über die Verträglichkeit von Obst, Gemüse, Milch- und Getreideprodukten, Fleisch und Fisch und erfahren, welche Nährstoffe daraus für das Baby besonders wichtig sind. Außerdem finden Sie viele praktische Tipps zu Einkauf und Verarbeitung der Lebensmittel.

Viel Spaß beim Lesen, Kochen und Füttern wünscht Ihnen

Dunja Rieber

Das Einmaleins der Beikost

Jetzt ist Brei-Premiere! Damit der Wechsel zu fester Kost problemlos gelingt, beantworte ich hier alle wichtigen Fragen rund um den ersten Brei und gebe viele Tipps für eine entspannte Brei-Zeit.

Der erste Löffel Brei

Gerade hat sich zwischen Mama und Baby das Stillen oder Füttern mit dem Fläschchen eingespielt, schon folgt der nächste Schritt: die Umstellung auf feste Kost. Doch während die Kleinen nach der Geburt intuitiv die Brust finden und sofort saugen können, müssen sie das Essen und Schlucken von Brei erst lernen. Klar eigentlich, dass dies nicht immer gleich problemlos klappt, genauso wie das Kind schließlich auch nicht von heute auf morgen laufen lernt. Aber es gibt einige Tricks, die Ihnen bei der Umstellung helfen. Der wichtigste Tipp vorweg: Mütter wissen intuitiv, was ihrem Baby guttut, und sollten auf ihr Bauch-Gefühl hören, wann der richtige Zeitpunkt für den ersten Löffel ist oder ob sie vielleicht noch ein bisschen damit warten.

❱❱ Ist mein Baby reif für die ersten festen Bissen?

Sind Babys etwa ein halbes Jahr alt, zeigen viele auf einmal immer mehr Interesse für das, was die Eltern essen. Da Babys aber generell neugierig sind, heißt das nicht, dass sie ab sofort jeden Mittag Brei essen wollen. Vielleicht möchte das Baby das Essen auch erst mal nur mit den Händen erfühlen oder schmecken, was das überhaupt ist. In jedem Fall ist die Neugierde des Babys aber ein guter Ausgangspunkt, um zu testen, ob das Baby bereit für Beikost ist. Nur durch Probieren lässt sich außerdem feststellen, ob es überhaupt schon in der Lage ist, Nahrung herunterzuschlucken. In den ersten Lebensmonaten verhindert nämlich ein Reflex, dass Babys feste Nahrung schlucken können, stattdessen wird das Essen mit der Zunge herausgeschoben. Etwa mit dem fünften oder sechsten Monat schwindet dieser Schutzmechanismus und das Baby hat die motorische Fähigkeit, Essen herunterzuschlucken. Frühestens ab diesem Zeitpunkt macht es Sinn, mit Beikost zu starten. Bei den wenigsten Babys klappt es gleich auf Anhieb. Möchte das Baby noch nicht, legt man eine Pause ein und versucht es nach ein paar Tagen wieder.

❱❱ Wann ist der ideale Zeitpunkt für die ersten Fütterversuche?

Das Baby sollte mindestens fünf Monate alt sein. Zur Mittagszeit, nach dem ersten Vormittagsschläfchen, ist eine gute Zeit, dann ist das Baby wach und die letzte Still- oder Fläschchenmahlzeit ist schon etwas her – der Hunger aber auch noch nicht zu groß, um ungeduldig zu werden. Wenn es zu einer anderen Tageszeit besser in den Familienalltag passt, kann man auch z. B. nachmittags oder abends beginnen. Wichtig: Den Löffel gut füllen, denn nur dann wird beim Baby der Schluckreflex ausgelöst. Ein bis zwei Löffel reichen für den Anfang. Alternativ kann man etwas Brei auf den Finger geben, den das Baby dann quasi »absaugen« kann. Danach wird das Baby wie gewohnt seine Milch trinken wollen. Die ganze Milchmahlzeit sollte man erst ersetzen, wenn sich das Baby mit Brei satt isst.

» Bekommt mein Baby mit fünf Monaten durchs Stillen noch genügend Nährstoffe?

Ja, auf jeden Fall. Und auch noch weit darüber hinaus. Von der Natur ist es schließlich vorgesehen, dass das Baby erst mit den ersten Zähnen andere Nahrung bekommt. Nicht wenige Babys verweigern bis zum Ende des ersten Lebensjahres jegliche feste Nahrung komplett und gedeihen trotzdem prächtig. Deshalb: Bitte keine Sorgen machen. Solange das Kind sich den Wachstumskurven im gelben Untersuchungsheft entsprechend entwickelt, ist alles okay.

» Was muss der erste Brei enthalten?

Von Land zu Land existieren unterschiedliche Vorstellungen, welches die besten ersten Lebensmittel für das Baby sind. Aus ernährungsphysiologischer Sicht ist zur Einführung von Beikost vieles geeignet. Wichtig ist, mit nur einer Zutat anzufangen. Das überfordert den Magen nicht. Dann wartet man idealerweise ein paar Tage, bis man ein neues Lebensmittel einführt, denn nur so lassen sich Unverträglichkeiten leicht erkennen. Hierzulande wird wegen ihres süßlichen Geschmacks als Erstes häufig Möhre gefüttert. Alle anderen milden Gemüsesorten wie Pastinake, Kürbis oder Kartoffel sind aber genauso gut geeignet. Wird das Gemüse immer wieder ausgespuckt, kann man es auch mal mit etwas Bananenpüree oder Birnenmus versuchen, denn süßes Obst

mögen fast alle. Auch etwas zerdrückte Avocado eignet sich prima – amerikanische Mütter schwören darauf und gesund ist Avocado allemal. In den USA werden traditionell auch gerne Reisflocken vermischt mit etwas Wasser oder Säuglingsmilch gefüttert. Auch das ist empfehlenswert.

» Muss ich die Temperatur des Breis mit einem Thermometer prüfen?

Das ist nicht nötig. Es reicht, den Brei mit einem Löffel zu probieren. Um keine Kariesbakterien zu übertragen, immer einen eigenen Löffel nehmen. Das Essen sollte lauwarm sein, im Zweifelsfall lieber etwas zu kalt als zu heiß. Es gibt auch Kunststofflöffel zu kaufen, die bei zu großer Hitze die Farbe verändern.

» Immer greift das Baby nach dem Löffel. Gibt es einen Trick, um das zu vermeiden?

Oft hilft es, den Kleinen einen eigenen Löffel in die Hand zu geben. Außerdem lieben Babys Gesellschaft beim Füttern, denn dann gibt es viel zu gucken, und es kommt keine Langeweile auf. Deshalb dem Baby am besten immer dann seinen Brei geben, wenn man selber auch etwas isst.

» Mein Baby spuckt sein Essen immer wieder aus. Mag es den Brei nicht?

Das Baby muss erst lernen, wie es den Brei herunterschluckt. Motorisch sind die meisten dazu etwa um den sechsten Monat herum in der Lage. Bei einigen dauert es zwei, drei Monate länger. Es kann auch sein, dass das Kind die breiige Konsistenz nicht mag oder einfach nicht gefüttert werden will. Dann lohnt sich ein Versuch mit fester Kost wie einer Banane, einem Stück gekochter Kartoffel oder einer Reiswaffel, denn die kann es selber halten. Und wenn noch keine Zähne da sind? Kein Problem – dann wird einfach so lange herumgelutscht, bis das Essen weich ist. Wenn man das Gefühl hat, Möhre oder Pastinake schmecken dem Kind nicht, bitte nicht gleich das ganze Gläschensortiment durchprobieren. Das würde das Baby überfordern. Ein oder zwei andere Sorten zu testen ist okay. Wenn die jedoch auch verschmäht werden, ist das Baby wahrscheinlich noch nicht bereit für die Beikost. Dann versucht man es weiterhin im Abstand von ein paar Tagen mit kleinen Probiermengen, bis es sich an den neuen Geschmack gewöhnt hat. Dazu braucht es ein wenig Geduld, denn erst nach 10- oder 15-maligem Probieren akzeptieren viele Babys den neuen Geschmack.

》 Soll das Baby zum Essen im Hochstuhl sitzen oder auf dem Schoß?

Das kommt darauf an, ob es schon alleine sitzen kann. Wenn nicht, nimmt man es besser auf den Schoß. Angelehnt an Mamas Bauch sitzt es sich bequem und rückenschonend. Eine gute Sitzmöglichkeit ist auch die Autositzschale (wenn das Baby nicht eh schon zu oft darin sitzt), allerdings lassen sich die Bezüge zum Waschen meist nur schwer abziehen. Sitzt es schon allein, ist ein Hochstuhl praktisch, da man beide Hände zum Füttern frei hat. Meist ist die Rückenmuskulatur der Kleinen um den achten Monat herum kräftig genug, um auf einem Stuhl sitzen zu kön-

nen. Viele halten es jedoch auch dann oft nur ein paar Minuten im Hochstuhl aus. Dann wollen sie doch lieber wieder zu Mama auf den Schoß.

》 Wie streng muss ich mich an Mengenangaben in den Beikost-Rezepten halten?

Wenn Babys an Beikost gewöhnt werden und gleichzeitig noch viel Säuglings- oder Muttermilch bekommen, sind sie noch prima mit Nährstoffen versorgt. Fängt man an, ganze Milchmahlzeiten durch richtiges Essen zu ersetzen, sollte man sich zumindest an den Beikost-Rezepten orientieren, um sicherzugehen, dass sich das Baby ausgewogen ernährt. Denn die Beikost-Rezepte ergänzen sich wie in einem Baukasten-System, damit die Kleinen optimal mit Nährstoffen versorgt werden. Der Gemüse-Kartoffel-Brei mit Fleisch bzw. Fisch liefert leicht resorbierbares Eisen aus Fleisch, Omega-3-Fettsäuren aus Fisch und Vitamine. Der Milch-Getreide-Brei sichert die Mineralstoffversorgung und liefert vor allem Kalzium. Der Getreide-Obst-Brei ergänzt die Nährstoffzufuhr um wichtige Vitamine. Und im Gegensatz zu den anderen beiden Breien enthält er nur wenig Eiweiß, damit die Kleinen über den Tag nicht zu viel davon aufnehmen. Natürlich muss man sich nicht jeden Tag an die Mengenangaben halten, wenn man mal eine Zutat nicht im Haus hat oder unterwegs ist – das schadet der Vitamin- und Mineralstoffversorgung sicher nicht. Hat man ein Gefühl für die Mengen bekommen, ist es auch nicht mehr unbedingt nötig, alle Zutaten abzuwiegen.

❯❯ Ist es schädlich, Brei in der Mikrowelle zu erwärmen?

Auch wenn immer wieder das Gegenteil behauptet wird: Brei in der Mikrowelle zu erwärmen ist nicht gesundheitsgefährdend. Weder geht dabei Strahlung in den Brei über, noch entstehen dabei schädliche Stoffe oder »totes« Essen. Allerdings erwärmen sich Speisen in der Mikrowelle nicht so gleichmäßig wie im Topf. Einige Stellen können kochend heiß sein, während andere nur lauwarm sind. Deshalb den Brei nach dem Erwärmen gut umrühren und erst dann die Temperatur prüfen. Und: Den Brei nur ganz kurz erhitzen. Schon 30 Sekunden bei 600 Watt reichen für kleine Gläschen aus. Größere Gläser erwärmt man etwa 45 bis 60 Sekunden bei 450 Watt.

❯❯ Wie viel Brei muss mein Baby essen, um satt zu werden?

Die Frage, wie viel ein Baby essen sollte, ist ein Dauerbrenner, der vielen Eltern Kopfzerbrechen bereitet. Schließlich gibt uns das normgerechte Gläschensortiment vor, dass eine Mittagsmahlzeit immer genau 190 g entspricht. Tatsächlich werden einige Babys von genau dieser Menge satt, ohne dass sie danach noch nach Milch verlangen. Für manche Babys wird ein halbes Gläschen reichen, während man für andere vielleicht sogar ein zweites Gläschen anbrechen muss. Genau wie bei Erwachsenen auch gibt es eben Viel- und Wenigesser. Auch vom Körperbau hängt es ab, wie viel Essen benötigt wird: Zarte Kinder brauchen eben etwas weniger als sehr große. Deshalb ist es schwer, allge-

meine Angaben zu machen. Auch die Mengenangaben in den Beikost-Rezepten sind lediglich Empfehlungen und dienen der Orientierung, wie viel ein Baby im Durchschnitt isst. Das kann jedoch an dem einen Tag mehr und dem anderen Tag wieder weniger sein. Der beste Anhaltspunkt sind die Wachstumskurven im gelben Untersuchungsheft: Nimmt das Baby gut zu, ist zufrieden und wächst, ist alles okay. In jedem Fall wird sich ein Baby, das nach der Mahlzeit nicht satt ist, bemerkbar machen.

》 Wann kann mein Baby den Löffel selber halten?

Die meisten Babys wollen um den ersten Geburtstag herum selber löffeln. Aber es hängt auch vom Temperament und dem motorischen Können ab. So lieben es einige Kinder auf die bequeme Art und wollen noch darüber hinaus gefüttert werden. Andere haben größere Geschwister zum Abgucken und starten vielleicht schon im zehnten Monat. In jedem Fall wird das Löffeln noch lange nicht so klappen, wie es sein soll, und der Brei landet anfangs wahrscheinlich überall, außer im Mund.

Deshalb: Unter dem Stuhl eine Wachstischdecke oder eine Folie auslegen und das Baby möglichst viel üben lassen – so lernt es den Umgang mit dem Löffel am schnellsten.

》 Ich habe noch Muttermilch eingefroren. Kann ich den Getreide-Milch-Brei auch damit anstatt mit Kuhmilch zubereiten?

Ja, das ist möglich. Am besten taut man die Muttermilch im Kühlschrank auf und erwärmt sie dann ganz vorsichtig, bis sie lauwarm ist. Besonders schonend geht das im Wasserbad oder im Fläschchen- bzw. Gläschenwärmer. Man darf sie nicht zu heiß werden lassen, damit alle wertvollen Bestandteile erhalten bleiben. Keinesfalls darf sie kochen. Dann genau wie bei anderer Milch einfach die Getreideflocken einrühren. Die Angabe der benötigten Milchmenge auf der Verpackung entspricht der benötigten Muttermilchmenge. Nicht wundern: Mit Muttermilch angerührter Brei bleibt in der Regel dünnflüssiger als Getreidebrei, der mit Kuh- oder Säuglingsmilch zubereitet wurde.

Gesunde Babyernährung

Schrittweise werden im ersten Lebensjahr Milchmahlzeiten durch Brei ersetzt, deshalb wird eine ausgewogene Ernährung immer wichtiger. Doch hört man von Verwandten, anderen Mamas und Experten immer wieder widersprüchliche Meinungen darüber, was gut fürs Baby sei. Wir bringen Licht in den Dschungel der Empfehlungen! Ist Salz wirklich so schädlich? Lassen sich auch mit Tiefkühlgemüse Babys Bedürfnisse decken? Und wie viele Mahlzeiten sollten es sein, welche davon kalt und welche warm? Dass Süßigkeiten nicht gesund sind, wissen wir. Aber welche Menge schadet meinem Kind nicht und wie bremst man kleine Süßschnäbel? Mit Kräutern würzen – ja oder nein? Im Ernährungs-Check: vegetarische Ernährung.

» Ist tiefgekühltes Gemüse zum Breikochen ebenso gut geeignet wie frisches?

Es ist auf jeden Fall nicht schlechter als frisches Gemüse. Wer nicht auf den Wochenmarkt kommt, wo heimische Gemüsesorten direkt vom Erzeuger verkauft werden, und wer nicht in der Nähe eines Gemüsebauers wohnt, ist mit Tiefgekühltem tatsächlich oft sogar besser bedient. Denn das Gemüse wird direkt nach der Ernte vitaminschonend eingefroren, während Supermarktgemüse durch Luft- und Lichteinfluss schon nach ein paar Tagen schlapp wird und Nährstoffe verliert.

Selbst ein paar Monate in der Truhe können den Nährstoffen dagegen so gut wie nichts anhaben. Fazit: Beides ist für die Ernährung des Babys wunderbar geeignet: Sieht das frische Gemüse knackig aus – zugreifen. Ansonsten ohne schlechtes Gewissen mit TK-Ware kochen.

» Gehen durch das Lagern in der Tiefkühltruhe viele Nährstoffe verloren?

Wer für sein Baby Brei vorkochen möchte, für den ist Einfrieren die beste Wahl. Selbst nach einigen Wochen Lagerung sind noch nahezu alle Nährstoffe enthalten, da weder Licht noch Sauerstoff den Vitalstoffen schaden. Um die Vitamine zu schonen, ist es wichtig, schon beim Kochen auf die richtige Technik zu achten. Wichtig: Das Gemüse so kurz wie möglich garen, denn Hitze zerstört die Vitamine. Ebenso schadet zu viel Wasser im Topf, denn das schwemmt die Nährstoffe aus. Also Brokkoli & Co. nur gerade eben mit Wasser bedecken oder im Dampfeinsatz garen. Um sicherzugehen, dass gefrorener Babybrei noch von bester Qualität ist, sollte man ihn innerhalb von zwei Monaten aufbrauchen.

» Wie lange hält sich Vorgekochtes im Kühlschrank?

Bis zu zwei Tage kann man frisch Gekochtes gekühlt aufheben. Dann besteht trotz Kühlschrank-Temperatur die Gefahr, dass sich Keime vermehren. Wenn auf Vorrat zubereitet werden soll, den Brei unbedingt nach dem Kochen direkt abkühlen, d. h. am besten gleich in den Kühlschrank stellen. Denn bleibt der warme Brei bei Zimmertemperatur über längere Zeit in der Küche stehen, bietet das Keimen eine ideale Brutstätte.

》 Welche Lebensmittel vertragen Babys nicht?

Babys Magen muss erst lernen, mit der Nahrung fertig zu werden, schließlich war die Verdauung monatelang nur auf Milch eingestellt. Daher sind blähende Kohlsorten, säurereiche Früchte und alles Scharfe, Salzige oder sehr Würzige vorerst regelrechte Bauchweh-Auslöser und daher tabu. Wenn Ihr Kind gegen Ende des ersten Lebensjahres langsam am Familienessen teilnimmt, kann es diese Lebensmittel in kleinen Mengen probieren. Werden Kohl oder Zitrusfrüchte dann vertragen, spricht nichts dagegen, dass diese ab und zu auf den Tisch kommen. Ebenfalls in großen Mengen nicht geeignet für Kinder unter einem Jahr: Quark, denn der belastet Babys Nieren wegen seines hohen Eiweißgehalts. Und wenn das Baby von der Oma einen Löffel Quarkspeise abbekommen hat? Keine Angst, das schadet ihm nicht. Erst wenn täglich ein ganzes Schüsselchen verspeist wird, ist das gesundheitsschädlich.

》 Brauchen Babys täglich eine warme Mahlzeit oder kann ich auch etwas Kaltes geben?

Aus gekochtem Gemüse nimmt der Körper Nährstoffe besonders gut auf. Bestes Beispiel ist Vitamin A, das aus gekochten Möhren um ein Vielfaches besser verwertet wird als aus rohen. Deshalb sollte eine warme Mahlzeit der Regelfall sein. Außerdem wertet Warmes oft den Speiseplan auf, denn vieles Gesunde wie Kartoffeln, Erbsen, Eier oder Fisch muss gekocht auf den Tisch. Und vor allem in der kalten Jahreszeit heizt ein warmer Brei auch von innen auf. Ist es draußen dagegen sehr heiß und schwül, tut den Kleinen ausnahmsweise auch mal ein abgekühlter Milchreis oder Pfannkuchen gut. Tipp: Auch Obstmus oder kalte Milchbreie bitte nicht direkt aus dem Kühlschrank füttern, sondern wenn möglich eine halbe Stunde vor dem Füttern herausnehmen und auf Zimmertemperatur erwärmen lassen. Das verträgt Babys Magen besser.

》 Unser Baby liebt Kekse. Wie viele darf es am Tag essen?

Auch wenn man noch so strikt sein wollte, irgendwann kommt das Baby auf den Geschmack. Als Faustregel gilt: Maximal eine Kinderhand voll Süßes pro Tag ist erlaubt. Diese Menge lässt kein Kind dick werden und sättigt auch nicht so, dass es keinen Hunger mehr auf die Hauptmahlzeiten hat. Wenn wegen Naschereien immer wieder Tränen fließen, schafft eine »Süßes gibt's nur einmal am Tag«-Regel Klarheit. Hilft alles nichts und das Kind bleibt ein kleiner Süßschnabel, sollte man zumindest bei den Haupt- und Zwischenmahlzeiten darauf achten, nichts Gesüßtes anzubieten (also z. B. keine Cornflakes oder Joghurt mit Zucker) und auch bei Säften und anderen süßen Getränken zurückhaltend sein. Tipp: Im Bioladen oder in der Drogerie gibt es Kekse, die nur leicht gesüßt und aus Vollkornmehl gebacken sind. Die schmecken den Kleinen genauso gut und bieten gegenüber herkömmlichen Sorten ein Gesundheits-Plus.

》 Hat es Nachteile, wenn mein Baby kein Fleisch bekommt?

Fleisch ist kein Muss, aber der Bedarf der Babys lässt sich damit am leichtesten decken. Zwar lässt sich eine Baby-Portion Fleisch durch etwa 20 bis 30 g Hafer- oder Hirseflocken (entspricht ca. 1 bis 2 gehäuften Esslöffeln) ersetzen, aber das Eisen daraus wird vom Körper viel schlechter verwertet. Vitamin C verbessert die Aufnahme, deshalb dem Mittagsbrei immer einen Löffel Obstsaft oder Obstpüree unterrühren. Ebenfalls relativ eisenreich sind Eier, Spinat, Mangold, Fenchel, Beerenobst, Linsen, Erbsen und Sesam. Wenn Babys oder Kleinkinder kein Fleisch bekommen, sollte man versuchen, zusätzlich diese Lebensmittel regelmäßig in den Speiseplan einzubauen.

》 Ab welchem Alter ist Salz für Babys nicht mehr gefährlich?

Grundsätzlich gefährlich ist Salz für Babys nicht. Im Gegenteil: Geringe Mengen sind sogar lebensnotwendig. Das Forschungsinstitut für Kinder- und Säuglingsernährung (www.fke-do.de) empfiehlt, Babybreie bis zum ersten Geburtstag nicht extra zu salzen, da Babys einen feinen Geschmackssinn haben und sie erst mal den Eigengeschmack der Lebensmittel kennenlernen sollen. Nachwürzen ist also schlichtweg völlig überflüssig und führt nur dazu, dass sich die Kleinen an den salzigen Geschmack gewöhnen. Medizini-

sche Gründe sprechen allerdings nicht gegen mäßiges Salzen. Es ist also keinesfalls schädlich, wenn das Baby vom Erwachsenen-Kartoffelbrei nascht oder an einem Cracker knabbert. Gläschenkost-Hersteller setzen einigen Breien oft geringe Mengen jodiertes Salz zu, auch um die Jodversorgung des Kindes zu sichern. Erst wenn extreme Mengen, also ein oder mehrere ganze Löffel Salz, aufgenommen werden, kann es zu Vergiftungen kommen.

》 Wie viel Kuhmilch darf mein Baby trinken?

Kuhmilch ist für Säuglinge ab dem sechsten Monat und Kleinkinder ein wichtiges Grundnahrungsmittel, das täglich auf dem Speiseplan stehen darf. Es versorgt sie mit lebenswichtigen Nährstoffen, vor allem mit Kalzium und Vitamin D, das sie für den Aufbau von festen Knochen und Zähnen unbedingt brauchen. Im ersten Lebensjahr sollten die Kleinen Kuhmilch nur im Getreide-Milch-Brei bekommen. 200 ml sichern die Kalziumversorgung und runden die Ernährung optimal ab. Für Ein- bis Dreijährige muss die Gesamtbilanz stimmen, denn auch andere Milchprodukte wie Käse, Quark und Joghurt stehen jetzt vermehrt auf dem Speiseplan. Rund 300 ml bzw. Gramm Milch- und Milchprodukte (Joghurt, Quark) decken den Bedarf optimal, am besten über mehrere Portionen verteilt. Das heißt konkret: Wenn Kinder z. B. gerne Käsebrot oder Joghurt essen, wäre ein zusätzliches Glas Milch am Tag zu viel. Ebenso wenn es morgens Müsli mit Milch gibt und mittags Kartoffelbrei oder Pfannkuchen. Gibt es Käse und Joghurt nur in Mini-Mengen, darf es dagegen auch gerne eine Extra-Portion Milch aus dem Glas sein.

❯❯ Soll ich zum Breikochen Bio-Milch verwenden?

Ob biologisch oder konventionell erzeugt: Beide Sorten sind gesund und eine Bereicherung für den Speiseplan. Ein kleines Plus hat Bio-Milch jedoch zu bieten. Sie enthält nämlich mehr gesunde Alpha-Linolensäure, eine Omega-3-Fettsäure, als konventionelle. Der Grund: Die »Bio«-Kühe bekommen nicht so viel Kraftfutter, dafür aber mehr Gras zu fressen. Neueste Studien zeigen, dass Omega-3-Fette die Gehirnentwicklung und das Sehvermögen der Kinder fördern können. Wer konventionelle Milch verwendet, nimmt für die Baby-Küche Rapsöl, denn darin steckt ebenfalls Alpha-Linolensäure.

❯❯ Für Erwachsene wird häufig fettarme Milch empfohlen. Gilt das auch für Babys?

Milch mit 3,5 Prozent Fett bietet eine Extra-Portion Kalorien, die Babys im Wachstum gut gebrauchen können. Fettreduziertes bietet in diesem Alter noch keine Vorteile, denn Babys täglicher Kalorienbedarf ist extrem hoch. Nie wieder im Leben brauchen die Kleinen im Verhältnis zu ihrem Gewicht so viel Energie. Erst im Kleinkindalter ab dem ersten Geburtstag kann die fettreduzierte Variante mit 1,5 Prozent Fett bei kleinen Buddha-Babys sinnvoll sein. Sehr zarte, zierliche Kinder sollten weiterhin Milch mit 3,5 Prozent Fettgehalt bekommen.

❯❯ Ist H-Milch weniger gesund als Frischmilch?

Haltbare Milch ist genauso gesund wie frische und eignet sich ebenso für die Babyküche. Um sie haltbar zu machen, wird H-Milch ganz kurz hoch erhitzt, um Verderbniskeime abzutöten. Da die Hitze nur einige Sekunden einwirkt, hat das Haltbarmachen nur einen sehr, sehr geringen Einfluss auf den Vitamingehalt. Das wertvolle Kalzium ist hitzestabil und bleibt komplett erhalten.

❯❯ Ist Hafer- oder Sojamilch für Babys gesünder als Kuhmilch?

Noch immer werden Hafer- oder Sojamilch als Ersatz für Kuhmilch angepriesen. Doch diese Empfehlung gilt heute als überholt. Zum einen belegen Untersuchungen, dass Kuhmilch das Allergierisiko nicht erhöht, auch nicht wenn sie schon vor dem ersten Geburtstag gefüttert wird. Zum anderen ist der Nährstoffgehalt von Hafer- und Sojamilch unausgewogen, sodass es bei den Babys zu Mangelerscheinungen kommen kann. Wenn wegen einer bestehenden Allergie keine Kuhmilch gefüttert werden kann, ist eine spezielle Milchnahrung die beste Wahl, weil sie genau auf die Bedürfnisse der Kleinen abgestimmt ist.

❯❯ Wie viele Mahlzeiten am Tag sollte mein Baby bekommen?

Ideal sind fünf Mahlzeiten am Tag: Frühstück, Mittag, Abendessen und dazwischen je eine kleinere Zwischenmahlzeit. Gesunde Snacks sind z. B. ein Schälchen Obstmus, frische Früchte, eine Reiswaffel, ein Stückchen Käse, etwas Trockenobst oder ein Knäckebrot. Ab dem ersten Geburtstag kann es auch öfter mal ein Joghurt oder Fruchtquark sein. Ebenso wie bei uns Erwachsenen kann auch der Appetit der Babys schwanken. Einmal wird es vielleicht auf eine Zwischenmahlzeit verzichten, während es ein anderes Mal am späten Nachmittag eine dritte Zwischenmahlzeit verlangt. Solange Kinder bei den drei Hauptmahlzeiten ordentlich zulangen, braucht man sich keine Sorgen zu machen. Werden Mittag- oder Abendessen jedoch kaum angerührt, sind häufig zu viele Zwischenmahlzeiten Schuld: z.B. die Brezel im Buggy, das Rosinenbrötchen auf dem Spielplatz oder die Scheibe Wurst von der netten Verkäuferin. Deshalb nicht zu viel zwischendurch anbieten.

❯❯ Mein Baby mag kein Gemüse. Bekommt es genügend Vitamine?

Auch unter Erwachsenen gibt es Gemüse-Muffel, die kein oder nur wenig Gemüse essen. Das zeigt, dass der Körper flexibel ist und auch woandersher seine Vitamine und Mineralstoffe holen kann: z.B. Vitamin A aus Obst oder Folsäure aus Vollkornbrot. Zu einem wirklichen Mangel kommt es nur sehr selten. Einen unschlagbaren Vorteil hat Gemüse jedoch: Es hat die höchste Nährstoffdichte überhaupt, d.h., es enthält pro Kalorie so viele Nährstoffe wie kein anderes Lebensmittel. Außerdem sättigt es durch die enthaltenen Ballaststoffe gut, ohne dabei dick zu machen. Eine gemüsereiche Ernährung schützt also auch vor Übergewicht. Meist ist es ohnehin nur eine Phase, in der Kinder kein Gemüse wollen. Manchmal hilft es dann, das Gemüse auf eine andere Art

anzubieten: Einige mögen am liebsten rohes Fingerfood zum Knabbern, andere wollen das Gemüse ganz fein püriert und wieder andere haben es auf eine bestimmte Farbe abgesehen. Auf jeden Fall sollte man gelassen bleiben. Alle ein bis zwei Wochen einen neuen Versuch zu starten reicht, sonst fühlt sich das Baby unter Druck gesetzt und verliert erst recht die Lust auf gesundes Essen.

❯❯ Prägt das erste Jahr den Geschmack für immer?

Über diese Frage sind sich auch Experten uneinig. Es gibt zwar Hinweise, dass frühe Gemüse- und Obstesser auch später gesünder essen, aber genauso gibt es Kinder, die partout nichts Grünes essen mögen und, wenn sie älter werden, auf einmal begeistert sind von Gemüsegratin und Salaten. Deshalb keine Sorge, wenn das Baby jetzt noch kaum Gemüse oder Früchte isst. Das kommt alles noch! Schließlich können sich auch die meisten Erwachsenen noch daran erinnern, dass in der Kindheit bestimmte Sorten, die man heute mag, nicht zu den Favoriten zählten. Richtig ist aber, dass Babys alle bekannten Geschmäcker »abspeichern« und später die Lebensmittel bevorzugen, die sie kennen. Ein gutes Beispiel hierfür ist Erdbeerjoghurt: Füttert man eine Sorte, der Aromen zugesetzt sind, prägt sich dieser als typischer Erdbeerjoghurt-Geschmack ein. Einen selbst zubereiten Joghurt mit frischen Früchten werden die Kleinen dann unter Umständen nicht mehr so gerne essen. Auch Erwachsenen geht es so. Wenn unsere Mütter uns früher einen Vanillepudding mit zugesetzten Aromen gekocht haben, wird uns wahrscheinlich heute eine Sorte, die ausschließlich echte Vanilleschote enthält, nicht so gut schmecken.

❯❯ Warum ist Rapsöl für Babys so wichtig?

Das Forschungsinstitut für Kinderernährung (www.fke-do.de) empfiehlt für die Babyküche Rapsöl, weil es reichlich Omega-3-Fettsäuren enthält. Diese Fette unterstützen die Entwicklung des Gehirns und der Netzhaut. Nur in Rapsöl steckt nämlich besonders viel Alpha-Linolensäure, eine bestimmte Omega-3-Fettsäure, die der Körper nicht selber bilden kann. Daher ist eine hohe Aufnahme im Babyalter wegen des schnellen Wachstums besonders wichtig. Üblicherweise enthalten Babygläschen zwar heute Rapsöl, jedoch häufig zu wenig. Deshalb raten Experten zu einem Extra-Teelöffel Rapsöl in jedem Gläschen. Auch frisch gekochtem Mittagsbrei sollte ein Löffel davon zugesetzt werden. Wenn alle eine gemeinsame Familienkost essen, reicht es, das Öl zum Kochen und Braten zu verwenden.

❯❯ Warum ist Fisch so gesund für Babys?

Fischfilet ist eines der wenigen Lebensmittel, das viel Jod liefert. Außerdem ist es neben Rapsöl einer der wenigen Lieferanten lebensnotwendiger Omega-3-Fettsäuren. Idealerweise sollte Fisch ein- bis 2-mal pro Woche auf dem Speiseplan stehen, empfiehlt das Deutsche Forschungsinstitut für Kinderernährung. Die meisten Babys essen ihn wegen seines milden Geschmacks und weichen Filets sehr gerne. Fisch ist auch ideal zum Kauen lernen. Denn rasch kann man dazu übergehen, den Fisch nicht püriert, sondern in kleine Stückchen geschnitten anzubieten. Ein Ersatz für Fleisch ist Fischfilet übrigens nicht, da es kein Eisen liefert.

Und wenn mein Baby allergiegefährdet ist? Gerade dann sollte es Fisch bekommen, denn Allergologen wissen heute durch neue Untersuchungen, dass Fisch im ersten Lebensjahr die Allergieneigung verringern kann. Falls das Baby keinen Fisch mag, bitte nicht zu Nährstoff-Präparaten mit Omega-3-Fettsäuren greifen, die von den Herstellern als gesunder Fisch-Ersatz angepriesen werden. Das Forschungsinstitut für Kinderernährung warnt sogar davor, denn dadurch könnte der Fettstoffwechsel durcheinandergeraten.

❯❯ Warum ist Honig gefährlich für Babys?

Vor allem in den ersten sechs Monaten könnten Sporen des Keims Clostridium botulinum zu einer schweren Infektion führen. Im schlimmsten Fall wären Muskelschwäche und eine Atemlähmung die Folge. Aber keine Sorge, der Keim kommt nur sehr, sehr selten in Honig vor. Erkennen lässt er sich jedoch nicht, deshalb wird als Vorsichtsmaßnahme empfohlen, ganz darauf zu verzichten. Honig, der in industriell hergestellten Keksen oder Breien verarbeitet wurde, ist ungefährlich. Er wird so hoch erhitzt, dass kein Keim überleben kann. Ab dem ersten Geburtstag geht vom Honig keine Gefahr mehr aus, weil die Darmflora dann stark genug ist, den Keim abzuwehren.

» Wie abwechslungsreich sollte der Speiseplan sein?

Lieber weniger als mehr, lautet die Devise. Vor allem in den ersten Beikostmonaten sollten neue Lebensmittel behutsam eingeführt werden, damit man Unverträglichkeiten leichter erkennt und das Baby kein Bauchweh bekommt. Die Kinder zeigen meist selbst, wann sie bereit für Neues sind. Einigen schmeckt so gut wie alles, was auf den Tisch kommt. Solch experimentierfreudige Babys kann man gerne probieren lassen. Andere wollen über Wochen abwechselnd nur ihre zwei Lieblingsgerichte. Solche Phasen hat fast jedes Kind. Auch das ist okay und völlig normal. Es reicht aus ernährungswissenschaftlicher Sicht, wenn Babys bis zum ersten Geburtstag zwei, drei Obst- und Gemüsesorten kennen. Jedes Kind ist(st)

anders, und auch unter Erwachsenen gibt es schließlich neugierige Esser, denen vieles schmeckt, und bodenständigere, die auf bewährte Kost setzen.

» Stimmt es, dass Beikost am Abend beim Durchschlafen hilft?

Viele Eltern erhoffen sich durch den Abend-Brei endlich ruhigere Nächte. Meist ist jedoch nicht Hunger Schuld am Aufwachen. Die Kleinen schaffen es einfach noch nicht, nachts von allein wieder in den Schlaf zu finden. Eine zu große Portion kann sogar das Gegenteil bewirken, wenn vor lauter Magenarbeit der Bauch zu grummeln anfängt. Ein Indiz dafür, dass tatsächlich Hunger der Auslöser für nächtliches Aufwachen ist, wäre, wenn das Baby auch tagsüber wieder häufiger trinken möchte.

21

» *Auf vielen Baby-Produkten steht »glutenfrei«. Sind diese Lebensmittel gesünder?*

Gluten ist ein Eiweiß, das in vielen Getreidearten, z. B. Weizen, Hafer, Roggen und Dinkel, vorkommt – und damit auch in den daraus hergestellten Produkten wie Mehl, Brot, Keksen und Nudeln. Bei Kindern und Erwachsenen, die an Zöliakie leiden, führt Gluten zu Durchfällen, bis hin zur Zerstörung der Darmzotten. Da die Herstellung glutenfreier Produkte sehr aufwendig ist, kosten diese wesentlich mehr als herkömmliche. Für alle, die nicht an Zöliakie leiden, bietet Glutenfreies aber keinerlei Vorteile. Ganz im Gegenteil: Forscher vermuten, dass glutenhaltiges Getreide, zwischen dem fünften und siebten Lebensmonat gefüttert, vor Zöliakie schützen kann, weil der Körper so lernt, mit dem Gluten umzugehen.

» *Dürfen Babys Kräuter essen?*

Zum Ende des ersten Lebensjahres, wenn Babys langsam an normale Familienkost gewöhnt werden, spricht absolut nichts gegen das Würzen mit Kräutern. Bei einigen Sorten ist allerdings wegen des scharfen Geschmacks Vorsicht geboten, z. B. bei Schnittlauch. Auch Salbei oder Rosmarin sind sehr kräftig im Aroma und werden von vielen Kindern nicht gemocht. Hier heißt es: einfach ausprobieren, was den Kleinen schmeckt. Übrigens trägt der grüne Genuss auch zur Vitaminversorgung bei, da in den meisten Sorten Vitamin C enthalten ist. Vor dem neunten, zehnten Lebensmonat sollten Babys noch keine Kräuter bekommen. Denn in den ersten Beikostmonaten müssen sie erst einmal lernen, wie Möhre, Banane & Co. pur schmecken, und so ihre Geschmacksnerven schulen. Schädlich sind kleine Mengen an Kräutern aber auch in diesem Alter nicht.

» *Was tun, wenn ich keine Möglichkeit habe, etwas zu erwärmen?*

Eine Möglichkeit ist, den Abendbrei aus Getreide und Milch vorzuziehen und einfach kalt anzubieten. Das geht natürlich theoretisch auch mit dem Gemüsebrei, der je nach Sorte auch kalt ganz gut schmeckt. Gut eignet sich z. B. ein Mus aus Kartoffeln und etwas Möhre. Für Kinder, die schon kauen können, kann man auch prima ein paar Kartoffelpuffer oder Pfannkuchen vorbereiten. Im Sommer besonders wichtig: Damit sich keine Keime vermehren, die Speisen direkt nach dem Zubereiten in den Kühlschrank stellen und unbedingt gekühlt transportieren. Eine gute Alternative aus dem Gläschenregal sind auch Obst-Getreide-Breie, die ohnehin kalt serviert werden.

Fertiggläschen und -breie

Wenn es schnell gehen soll, sind Babylebensmittel eine gute Alternative zu frisch Gekochtem: Das Essen ist rasch erwärmt, wenn der Hunger groß ist, Gläschen und Getreideflocken sind lange haltbar und auch unterwegs ist fertiger Brei einfach praktisch. Im Supermarkt stehen viele Mütter dann verzweifelt vor langen Regalreihen. Gläschen reiht sich an Gläschen, Getreidebrei an Getreidebrei. Zusätzlich versuchen Hersteller mit bunten Bildern und gesund klingenden Werbeaussagen zu locken. Erfahren Sie hier, welche Sorten alles Wichtige fürs Baby enthalten und wann man den Brei um wichtiges Rapsöl und wertvolles Fleisch ergänzen muss. Unser Gläschen-Wegweiser hilft Ihnen bei der Entscheidung im Supermarkt.

›› Selbst gedünstet oder aus dem Gläschen – was ist besser?

Beides ist gut. Unter Umständen enthält Gemüse aus dem Gläschen sogar noch geringere Mengen an Schadstoffen. Denn Babykosthersteller verwenden fast ausschließlich biologisch angebautes Gemüse und Obst und obendrein haben sie laut Gesetz besonders strenge Vorschriften zu erfüllen. Auf der anderen Seite ist selbst Gekochtes wesentlich günstiger, und es schmeckt einfach frischer. Deshalb: Wenn man unterwegs ist oder gerade keine Zeit zum Kochen hat, kann man ohne Bedenken Gläschen füttern. Sonst wenn möglich selber kochen. Damit tut man dem Geschmacksempfinden der Kleinen etwas Gutes. Und man selber möchte schließlich auch nicht jeden Tag Fertiggerichte vorgesetzt bekommen.

›› Ich möchte mit der Beikost beginnen. Welches Gläschen soll ich wählen?

Prinzipiell sind alle Sorten geeignet, die den Aufdruck »nach dem 4. Monat« tragen. Vorsicht: Auch wenn die »4« aus Marketing-Gründen meist sehr groß aufgedruckt ist, soll der Brei erst nach dem vollendeten vierten Monat gegeben werden. Tatsächlich also erst im fünften Monat. Trotz der großen Auswahl der Gläschen für diese Altersstufe sollte nicht der Eindruck entstehen, das Baby müsste das alles auch schon probieren. In den ersten Beikostmonaten reicht es völlig, dem Baby zwei bis drei verschiedene Sorten anzubieten. Manchmal wollen Babys über Monate erst mal sogar nur eine einzige Sorte essen – auch das ist aus ernährungswissenschaftlicher Sicht okay.

›› Woran erkenne ich gute Gläschenkost?

Wie gut ein Gläschen ist, verrät die Zutatenliste. Für süße Gläschen gilt: Enthält der Brei Zucker oder andere Süßungsmittel wie Fruchtzucker (Fructose), Traubenzucker, Reissirup, Agavendicksaft oder Honig? Dann lieber ein anderes Produkt wählen, denn die zusätzliche Süße brauchen Babys nicht. Zwar klingt es erst mal gesünder, wenn mit Fruchtzucker oder Honig gesüßt wird, aber Vorteile gegenüber normalem Zucker hat es nicht. Statt verarbeiteter Kohlenhydrate in Form von Keksen sollten besser unbearbeitete Getreideflocken aus Vollkorn enthalten sein. Wenn Aromen wie z. B. Vanille zugesetzt sind, ebenfalls besser ein anderes Produkt wählen. Oft lohnt es sich, auch für ältere Babys der Griff zu Anfangsbreien für den fünften und sechsten Monat, denn im Allgemeinen enthalten sie weniger unnötige Zusätze. Tipps für herzhafte Gläschen: Wenn Salz enthalten ist, sollte es auf jeden Fall jodiert sein, denn das sichert die Jod-Versorgung. Bei Sorten, die Fleisch enthalten, darauf achten, dass möglichst viel davon enthalten ist. Etwa 20 g sichern die Eisenversorgung des Babys. Meist ist jedoch deutlich weniger enthalten. Dann gibt es zwei Möglichkeiten: Entweder man füttert dem Baby fast täglich fleischhaltigen Brei oder man gibt noch etwas püriertes Fleisch aus dem Gläschen (oder selbst zubereitet) dazu. Pluspunkte gibt's, wenn Rapsöl zugesetzt ist, denn dadurch werden dem Baby lebensnotwendige essenzielle Fette zugeführt. Die Tabelle auf der nächsten Seite hilft beim Einkauf und gibt eine Übersicht darüber, womit Hersteller werben und was wirklich drinsteckt.

)) Wie wird Breikost aus dem Gläschen haltbar gemacht – mit Konservierungsstoffen?

Gläschenkost hält sich so lange, weil sie steril abgefüllt und dann für einige Sekunden ganz kurz erhitzt wird – ähnlich wie beim Marmeladeeinkochen zu Hause, nur viel schonender. Konservierungsstoffe dürfen Babykost-Hersteller nicht einsetzen.

)) Warum soll man Gläschen nicht wieder erwärmen?

Das ist eine Vorsichtsmaßnahme, denn im warmen Brei könnten sich krankmachende Keime rasant vermehren. Besser: Nur die benötigte Menge aus dem Gläschen nehmen und in einem anderen Behälter erhitzen. Außerdem gehen umso mehr Nährstoffe verloren, je häufiger der Brei erhitzt wird.

)) Ich lese immer wieder, man soll in Gläschenkost zusätzliches Fett einrühren. Kann mein Baby davon nicht zu dick werden?

Nein, denn durch ihr rasches Wachstum verbrauchen Babys unheimlich viele Kalorien. Das Forschungsinstitut für Kinderernährung (www.fke-do.de) empfiehlt, dem Mittagsbrei Rapsöl zuzugeben. Denn es liefert besonders viele lebenswichtige Fettsäuren, die für die Gehirnentwicklung und die Sehfähigkeit unerlässlich sind. Außerdem ermöglicht es die Aufnahme von fettlöslichen Vitaminen, z. B. von Vitamin A aus Möhren oder Kürbis. Für eine optimale Versorgung der Kleinen reicht es, wenn der Brei 8 bis 10 g Rapsöl enthält. Wie viel Öl enthalten ist, kann man auf dem Etikett ablesen. Meist muss man noch etwas hinzufügen, da die Hersteller die Ölmenge teilweise etwas knapp bemessen. Ein Teelöffel entspricht etwa 4 g Öl.

Einkaufs-Fahrplan für Gläschenkost – was auf dem Etikett steht und was es bedeutet

Begriff	Was es bedeutet
glutenfrei	Gluten ist ein Eiweiß-Bestandteil vieler Getreidesorten und wird von den meisten Kindern (und Erwachsenen) genau wie anderes Eiweiß leicht verdaut. Einige wenige Kinder können Gluten jedoch nicht verdauen und dürfen es daher nicht mit der Nahrung aufnehmen. Nur für Zöliakie-Kinder ist es wichtig, auf den Glutengehalt der Nahrung zu achten.
allergenarm	Einige Hersteller kennzeichnen allergenarme Breie mit einem großen »A«. Zwar weiß man heute, dass eine allergenarme Ernährung keinen Schutz vor Allergien bietet, aber es handelt sich um Sorten, die grundsätzlich aus einfachen Zutaten und ohne unnötige Zusätze hergestellt wurden. Gerade bei der Auswahl der Gläschen für Ess-Anfänger kann das »A« daher Orientierung bieten.
stuhlfestigend/ stuhlauf- lockernd	Als stuhlfestigend werden Sorten bezeichnet, die leicht stopfend wirken und bei einigen Babys Verstopfung auslösen können (z. B. Möhren oder Bananen). Stuhlauflockernde Sorten bewirken genau das Gegenteil. Sie beschleunigen die Verdauung, der Stuhl kann daher gar nicht erst richtig fest werden. Viele Früchte haben eine stuhlauflockernde Wirkung.
stuhl- regulierend	Gläschen, die Getreide enthalten, werden häufig als »stuhlregulierend« gekennzeichnet. Das bedeutet, dass die enthaltenen Ballaststoffe die Verdauung in beide Richtungen beeinflussen können. Das heißt, ein zu harter Stuhl wird weicher und ein zu dünner Stuhl wird fester. Wichtig: Nicht jedes Kind reagiert wie auf der Verpackung angegeben! Es handelt sich lediglich um Beobachtungen, die bei vielen Babys – nicht jedoch bei allen – gemacht wurden.
ohne Zusatz von Farbstof- fen/Konservie- rungsstoffen	Keine Farb- oder Konservierungsstoffe, das klingt erst einmal toll. Jedoch ist der Zusatz sowieso gänzlich verboten. Es wird also quasi mit einer Selbstverständlichkeit geworben, die auf alle Baby-Gläschen zutrifft.
ohne Kristall- zucker	Hier heißt es aufgepasst. Häufig ist in dem betreffenden Produkt zwar kein Haushaltszucker enthalten, dafür jedoch andere Süßmacher wie Fruchtzucker, Glucosesirup, Maltose oder Honig. Ein Blick auf die Zutatenliste verrät, ob trotzdem gesüßt wurde.
gut sättigend	Wird häufig für Abendmahlzeiten verwendet. Hier soll Eltern suggeriert werden, dass der angepriesene Brei dem Hunger in der Nacht vorbeugt und so beim Durchschlafen hilft. Solche Abend-Breie enthalten aber oft dieselben Zutaten wie andere Sorten, die vielleicht sogar günstiger im Preis sind.

》 Sind fertige Milchgetreidebreie, die man nur noch mit Wasser aufgießen muss, gesund?

Fertigmilchbrei enthält Säuglingsmilch in Pulverform, die bereits mit Vitaminen und Mineralstoffen angereichert ist. In puncto Nährstoffgehalt steht er daher einem mit frischer Milch zubereiteten Brei in nichts nach. Das Pulver muss nur noch mit warmem Wasser angerührt werden anstatt mit extra aufgekochter Kuhmilch. Fertige Milchgetreidebreie sind also prima für unterwegs oder wenn es mal schnell gehen muss. Trotzdem hat die Zubereitung eines klassischen Getreidebreis mit frischer Kuhmilch Vorteile. Man gewöhnt das Kind an den natürlichen Geschmack der Milch und man spart eine Menge Geld.

》 Baby-Instantgetreideflocken oder normale Getreideflocken – welche sind besser?

Instant-Getreideflocken lösen sich sehr gut und ergeben ganz glatte, feine Breie – ideal für die ersten Löffel-Versuche. Außerdem ist ein Brei aus Instantflocken sofort essfertig, da sich das Getreide auch in lauwarmer Milch schnell auflöst. Normale Getreideflocken eignen sich aber ebenso gut für Babys, bedeuten in der Küche allerdings etwas mehr Aufwand. Denn damit sie richtig weich werden, müssen sie mit heißer Milch übergossen werden und je nach Flockenart noch einige Minuten darin aufweichen. Tipp: Wer herkömmliche Flocken verwenden möchte, sollte unbedingt kleinblättrige, zarte Sorten wählen, da diese recht schnell aufweichen und ebenfalls einen relativ feinen Brei er-

geben. Kernige, großblättrige Flocken sind für Babys noch nicht geeignet.

》 Liefert Brei aus dem Gläschen genug Vitamine?

Um die Gläschen über mehrere Monate haltbar zu machen, müssen sie hoch erhitzt werden. Das überstehen Mineralstoffe zwar problemlos, aber es schadet den hitzeempfindlichen Vitaminen. Besonders sensibel ist Vitamin C, von dem nur noch Spuren übrig bleiben. Gerade dieses Vitamin ist aber besonders wichtig, damit die Kleinen das im Fleisch enthaltene Eisen optimal verwerten können. Deshalb raten Experten dazu, etwas Obstmus oder Obstsaft, der von Natur aus Vitamin C enthält, unterzurühren. Ebenfalls empfindlich, aber nicht so kritisch, weil sie in vielen Lebensmitteln vorkommen, sind die B-Vitamine. Auch beim Selberkochen gehen natürlich Vitamine verloren. Deshalb das Gemüse nur so lange garen, bis es gerade weich genug zum Essen ist.

》 Ist normales Apfelmus genauso gut wie spezielles Baby-Apfelmus?

Die Äpfel für Baby-Apfelmus werden noch strenger schadstoffkontrolliert als die für »normales« Apfelmus. Außerdem werden meist besonders säurearme Sorten ausgewählt, die Babys empfindlichen Magen schonen. Wenn Kinder an Beikost gewöhnt sind, reizt aber auch normales Mus in der Regel nicht. Tipp: Auf den Zuckergehalt achten. Während Babymus meist nicht oder nur ganz schwach gesüßt ist, enthält normales Apfelmus oft mehr Zucker. Gänzlich zuckerfrei sind Produkte, die als Apfelmark gekennzeichnet sind.

》 Immer häufiger wird Baby-Kost im Kunststoffbecher statt im Gläschen angeboten. Gehen beim Erwärmen giftige Schadstoffe aus dem Plastik ins Essen über?

Nein. Die verwendeten Kunststoffe sind frei von Weichmachern und Bisphenol A und halten auch hohe Temperaturen ohne Probleme aus, ähnlich wie Fläschchen oder Schnuller, die man ja auch auskochen kann.

》 Sind Baby-Lebensmittel immer frei von Gentechnik?

Bei Lebensmitteln, die das Bio-Siegel tragen, dürfen laut Gesetz keine gentech-nisch veränderten Zutaten enthalten sein. Bei konventionellen Produkten kann es dagegen theoretisch sein, dass Rinder, Hühner und Schweine mit gentechnisch verändertem Futter gefüttert werden und dann über Milch, Fleisch oder Eier in die Gläschen kommen. Gesundheitlich riskant ist das nach heutigem Wissensstand nicht, aber trotzdem sollten Lebensmittel für die Kleinsten so naturbelassen wie möglich sein. Auch Säuglingsmilch wird immer häufiger in Bio-Qualität angeboten. Hypoallergene Milch gibt es bisher nicht mit biologischem Gütesiegel. Aber auch hier arbeiten die Hersteller an einer Variante mit Bio-Siegel.

Hilfe bei Essproblemen

Essen macht Spaß – meistens jedenfalls: Alles könnte so einfach sein, wenn das Baby doch nur endlich etwas mehr essen oder weniger Süßes naschen würde, kein Gemüse-Verächter wäre – oder, oder, oder … Die vermeintlich falsche Ernährungsweise des Babys wird schnell zum Stressfaktor für die gesamte Familie. Dabei vergessen Eltern oft, dass Babys Individuen sind und eben unterschiedliche Vorlieben haben. Und mit kleinen Tricks lässt sich leicht das Nährstoff-Konto von Süßschnäbeln und Erbsen-Rauspulern aufbessern. Außerdem: Die Brei-Zeit überspringen? Was müssen Eltern beachten, wenn Babys Püriertes ablehnen und gleich mit fester Kost loslegen wollen.

》 *Mit welchen Tricks kann ich mein Baby dazu bringen, mehr Gemüse zu essen?*

Weil vielen Eltern das Thema am Herzen liegt, gibt es hierzu sogar wissenschaftliche Untersuchungen. Das Ergebnis: Am wichtigsten ist das gute Vorbild der Eltern, denn die Kleinen halten genau das für normal, was sie täglich vorgelebt bekommen. Wenn sich die Kleinen trotzdem nicht mit Neuem anfreunden können, braucht man Geduld. In einer Studie hatten die Kinder erst nach 15-maligem Probieren einen neuen Geschmack akzeptiert. Kleine Skeptiker lassen sich manchmal auch eher überzeugen, wenn mal die Nachbarskinder oder Spielgruppen-Freunde zu Besuch kommen und zeigen, dass man die Gemüsebeilage oder die Tomatensauce tatsächlich essen kann.

Ein weiterwwrgebnis der Studie: Das Interesse ließ sich steigern, wenn man das Gemüse in witzigen Formen anbietet, indem man Gesichter auf dem Teller gestaltet oder mit einem Plätzchenausstecher Tiere oder Ähnliches aussticht. Einen Versuch wert sind vielleicht auch kleine Tomaten- oder Paprikapflanzen, die man auch auf dem Balkon oder der Fensterbank ziehen kann. Wenn die Kleinen täglich gießen dürfen, weckt das ebenfalls die Lust auf Neues. Manchmal hilft es auch, etwas püriertes Gemüse unter die Nudelsauce oder in Pfannkuchen zu verstecken. Kritiker bemängeln zwar, dass dem Baby so etwas untergejubelt wird und es Gemüse pur dadurch noch lange nicht mag. Aber das Baby lernt so, dass Pfannkuchen oder Spaghetti Napoli nicht immer gleich schmecken, und akzeptiert vielleicht beim nächsten Mal eher eine neue Speise.

》 *Unser Baby isst an einigen Tagen unausgewogen. Ist das schlimm?*

Wichtig ist erst einmal festzustellen, ob es tatsächlich so unausgewogen isst, wie es scheint. Denn Babys Speisplan muss nicht täglich ausnahmslos alle Vitamine und Mineralstoffe enthalten. Es reicht, wenn über einen Zeitraum von einer Woche alle Lebensmittelgruppen ausreichend vertreten sind. Vielleicht gab es an einem Tag mittags Gemüse und Fisch und abends noch Rohkost, während das Baby an einem anderen gar kein Gemüse essen wollte, dafür aber großen Appetit auf Fleisch hatte.

》 Alles fein Pürierte lehnt unser Baby ab. Was können wir ihm zu essen anbieten?

Wenn Babys anstatt Brei lieber feste Kost mögen, sollte man die Rezepturen der Beikost-Empfehlungen im Hinterkopf haben und versuchen, die Einzelkomponenten in anderer Form anzubieten. Dann ersetzen mittags z. B. gekochtes Hackfleisch oder klein geschnittenes Steak mit gedünsteten Zucchini- und Kartoffelspalten oder sanft in Rapsöl angebratene Möhren-Kartoffel-Puffer den Gemüse-Kartoffel-Fleisch-Brei. Und nachmittags gibt's eine Reiswaffel und ein Stück Obst anstatt des Getreide-Obst-Breis. Am Abend schmeckt dem Baby vielleicht eine Scheibe Brot mit Butter.

》 Mein Baby isst nur wenig. Soll ich sein Essen etwas süßen, damit es mehr davon isst?

Das ist keine gute Idee. Zucker liefert Kalorien pur, dafür jedoch keine Vitamine oder Mineralstoffe, die aber gerade für Babys im Wachstum so wichtig sind. Eltern sorgen sich natürlich, wenn Kinder essen wie ein Spatz und nach drei Löffeln schon satt sind. Aus ernährungswissenschaftlicher Sicht ist es die Aufgabe der Eltern, gesundes Essen bereit zu stellen – und das Kind entscheidet, wie viel es davon essen möchte. Babys haben quasi eine innere Uhr, die dafür sorgt, dass fürs Wachsen genügend Energie bereit steht. Studien zeigen sogar, dass sich Babys ausgewogen ernähren würden, selbst wenn sie sich ihr Essen komplett selber aussuchen dürften. Diese innere Uhr gerät jedoch außer Kontrolle, wenn Süßigkeiten oder gesüßte Speisen zur Wahl stehen. Wer unsicher ist, kann sein Kind beim Kinderarzt wiegen lassen. Liegt das Kind innerhalb der Gewichts- und Größenkurven aus dem gelben Untersuchungsheft, ist alles okay.

》 Mein Kind mag nur Brei aus dem Gläschen, Selbstgekochtes lehnt es ab. Woran liegt das?

Einige Babys lieben die feine Konsistenz der gekauften Breie. Denn Gläschenbrei wird sehr fein püriert. Zu Hause bleiben oft trotz Pürierstab kleinste Stückchen, die das Baby vor allem in den ersten Beikostmonaten vielleicht noch nicht so gut herunterbekommt. In diesem Fall hilft ein Passiergerät (Fachhandel), mit dem man den Brei wirklich stückchenfrei hinbekommt. Wenn man immer mal wieder stückige Breie anbietet, gewöhnen sich die Kleinen mit der Zeit daran. Aber man braucht Geduld! Gegen Ende des ersten Lebensjahres akzeptieren die meisten dann kleine Gemüsewürfelchen oder Hack-Bröckchen im Brei. Falls nicht, versuchen Sie es spielerisch und lassen Sie das Baby seinen Teddy am Tisch mitessen und füttern. Das Vorbild anderer Kinder kann ebenfalls helfen: Deshalb ab und zu andere Mamas mit Baby einladen. Wer sich ernsthafte Sorgen macht, kann beim Arzt abklären lassen, ob eine Kau- oder Schluckstörung dahintersteckt.

» **Statt Brei zu essen, möchte unser Baby bei uns mitessen. Worauf müssen wir achten?**

Das ist grundsätzlich möglich und entspricht dem natürlichen Nachahmungsdrang der Babys. Schließlich ist das extra Breikochen eine Erfindung der Neuzeit. Bei Naturvölkern ist es noch heute so, dass die Babys einfach irgendwann bei den Eltern am Tisch mitessen und nach und nach ihren Speiseplan erweitern. In Amerika erwacht diese Form der Baby-Ernährung gerade sogar wieder zu einem Trend. Nicht ohne Grund, denn zum einen ist es die natürlichste Art, Babys ans Essen heranzuführen, und zum anderen spart man eine Menge Zeit, da man keinen Brei kochen muss. Wichtig: Das eigene Essen muss dann in jedem Fall naturbelassen und vollwertig sein, damit das Baby alle Nährstoffe bekommt. Fast Food und Fertiggerichte sind für die Eltern erst mal tabu. Ebenfalls nicht gut fürs Baby: alles, was gewürzt, stark angebraten, frittiert oder schwer verdaulich (wie Hülsenfrüchte, Zwiebeln, Rohkost und Salate) ist oder Alkohol enthält. Außerdem alles, was gesundheitsschädliche Keime enthalten könnte, also Honig, rohe Eier (z. B. in Tiramisu oder anderen Desserts), Rohmilch und Rohmilchprodukte wie einige Käsesorten sowie Rohschinken und rohe Fleischprodukte. Wegen der Gefahr des Verschluckens für Babys unter einem Jahr nicht zu empfehlen: kleine, harte Lebensmittel wie Nüsse oder rohe Johannisbeeren. Im Zweifelsfall behält man die klassischen Beikost-Rezepte im Hinterkopf und orientiert sich beim Kochen daran.

» **Von Anfang an mochte unser Baby gerne Pastinake. Jetzt will es davon nichts mehr wissen. Ist das normal?**

Ja, denn Babys sind unbeständig. Ihr Essverhalten kann sich von einem Tag auf den anderen ändern, ohne dass dies einen Grund haben muss. Wenn das Baby bestimmte Speisen auf einmal ablehnt, sollten Eltern das akzeptieren und es nicht zum Essen zwingen. Man kann es immer mal wieder mit dem verschmähten Lebensmittel versuchen. Schließlich kann Babys Appetit genauso schnell wiederkommen, wie er verschwunden ist.

» **Mein Baby bevorzugt süße Breie. Wie kann ich ihm herzhafte Breie schmackhaft machen?**

Die Vorliebe für Süßes ist den Kleinen in die Wiege gelegt. Schließlich ist Muttermilch auch sehr süß und Saures oder Bitteres oft giftig oder unreif. Solange es mit Brokkoli und Co. nicht klappt, füttert man am besten Obst als Ersatz, denn auch darin stecken reichlich Vitamine. Dann rührt man erst einen Löffel Gemüse unter das Obstmus. Wenn das funktioniert, dann zwei Löffel usw. Viele Babys gewöhnen sich so mit der Zeit an den anderen Geschmack.

Neben dem Süßgeschmack haben Babys ebenfalls eine Vorliebe für Würzig-Fleischiges, ein Geschmack, der in der Fachsprache als »umami« bezeichnet wird. Wenn es also wegen der Abneigung gegen Gemüse mit dem Gemüse-Kartoffel-Fleisch-Brei nicht klappt, kann püriertes Fleisch auch in purer Form die Eisenversorgung sichern.

Richtig trinken

In den ersten Lebensmonaten genügt dem Baby Milch als Durstlöscher. Ergänzt Brei den Speiseplan, ist die Zeit reif für neue Trinkgewohnheiten. Weil feste Kost weniger Wasser als die gewohnte Milch enthält, sollte man das Baby langsam daran gewöhnen, zusätzlich etwas zu trinken. Ein, zwei Probier-Schlucke reichen für den Anfang, schließlich bekommt das Baby ja noch später seine Milch. Und wenn es nicht gleich klappt? Genau wie bei der Umstellung auf feste Kost braucht man etwas Geduld, bis es gelernt hat, wie man aus dem Becher trinkt. Aber was soll das Baby eigentlich trinken und vor allem woraus? Wann tut welcher Tee dem Baby gut und welches Wasser ist das beste?

›› Ab wann braucht mein Baby etwas zu trinken?

Wenn Eltern anfangen, Beikost zu füttern, sollten sie den Kleinen auch etwas zu trinken geben. Am besten bietet man ihnen zu jeder Mahlzeit etwas Wasser an, dann gewöhnen sich die Kinder schneller daran. Keine Sorge, wenn es nicht sofort klappt. Das Durstempfinden eines jeden Kindes entwickelt sich sehr unterschiedlich. Schließlich wurden Durst und Hunger in den ersten Monaten durch die Milch gleichzeitig gestillt. So trinken einige sofort einen ganzen Becher leer, während anderen ein kleines Schlückchen reicht. Und solange das Baby noch mehrmals täglich Säuglings- oder Muttermilch

bekommt, ist sein Flüssigkeitsbedarf in jedem Fall gedeckt.

›› Was soll mein Baby trinken?

Auf lange Sicht ist es am einfachsten, die Kleinen gleich an Wasser zu gewöhnen. Das ist immer und überall verfügbar und muss nicht noch extra zubereitet werden. Abkochen ist nicht nötig, aber das Wasser sollte frisch aus der Leitung kommen und nicht abgestanden sein. Milde, ungesüßte Früchtetees wie z. B. Hagebuttentee sind ebenfalls gute Durstlöscher, denn sie enthalten wie Wasser keine Kalorien. Das Forschungsinstitut für Kinderernährung empfiehlt, spezielle Babytees zu verwenden, da »normale« Sorten mit geringen Mengen an Pflanzenschutzmitteln belastet sein können. Wichtig ist, den Tee immer mit kochend heißem Wasser zuzubereiten, denn nur so werden eventuell vorhandene Keime abgetötet. Es reicht, den Tee nur schwach aufzubrühen, da Babys hervorragende Geschmacksnerven haben – ein Beutel pro Liter genügt.

›› Wie viel soll mein Baby trinken?

Als Richtlinie gilt: Hat man morgens, mittags und abends die Milchmahlzeiten durch feste Kost ersetzt, sollte das Baby mindestens auf etwa 200 ml am Tag kommen. Für Kinder ab einem Jahr empfiehlt das Forschungsinstitut für Kinderernährung 600 ml Flüssigkeit am Tag, wenn bereits alle Milch-Mahlzeiten ersetzt wurden. Diese Menge schaffen aber nur die wenigsten Kinder. Die meisten sind anfangs keine guten Trinker. Das Durstempfinden steigt mit den Monaten und auch Obst und Gemüse, Suppen oder mit Milch angerührte Breie enthalten reichlich Flüssigkeit.

❱❱ Kann ich meinem Baby bedenkenlos jeden Tag mehrmals Fencheltee zu trinken geben?

Fencheltee sollte nur bei Bauchweh gegeben werden. Denn er enthält ebenso wie z.B. Estragon, Basilikum, Anis, Sternanis, Piment, Muskatnuss und Zitronengras die ätherischen Öle Estragol und Methyleugenol, die vom Bundesinstitut für Risikobewertung als kritisch eingestuft werden, wenn sie täglich und in großer Menge verzehrt werden. Bei Erwachsenen, die täglich eine Vielzahl von Lebensmitteln zu sich nehmen, schadet eine Tasse Fencheltee oder etwas Muskatnuss im Kartoffelpüree natürlich nicht. Gerade bei sehr jungen Säuglingen, die nur Milch bekommen, fallen ein, zwei Fläschchen Fencheltee jedoch viel stärker ins Gewicht. Natürlich dürfen Babys auch mal über drei, vier Wochen Fencheltee trinken. Wichtig ist nur: Fencheltee entfaltet ebenso wie andere Kräutertees eine medizinische Wirkung und ist daher eher als Medikament zu betrachten und nicht als Durstlöscher!

❱❱ Ist Instant-Tee oder Beutel-Tee besser?

Beide sind für Babys geeignet. Bei Instant-Tee sollte man darauf achten, dass kein Zucker oder andere Süßungsmittel wie Maltodextrin enthalten sind. Im Handel sind auch Instant-Tees ohne jegliche Zu-

sätze erhältlich, denn zugesetzter Zucker schadet den Zähnchen. Und: Auch wenn sich lösliches Teepulver schon bei Trinktemperatur löst, sollte man es immer mit kochend heißem Wasser zubereiten. Denn genau wie Beuteltee kann Instanttee geringste Mengen an Keimen enthalten, die nur durch das Überbrühen abgetötet werden.

❱❱ Soll ich meinem Baby Saft zu trinken geben?

Oft meinen es Eltern gut, wenn sie den Kleinen Saft zum Trinken geben – wegen der Extra-Vitamine. Wenn Kinder ausgewogen ernährt werden, ist das aber nicht nötig. Frisches Obst enthält immer noch deutlich mehr Nährstoffe. Außerdem verführt solch ein süßes Getränk dazu, sich daran satt zu trinken, anstatt später beim Mittagessen zuzulangen. Durch ihren hohen Fruchtzuckergehalt sind Säfte nämlich ziemlich kalorienreich und daher eher Zwischenmahlzeit als gesunder Durstlöscher.

❱❱ Muss ich Leitungswasser, das mein Baby bekommt, grundsätzlich vor dem Trinken abkochen?

Auf das Abkochen kann man verzichten, da Leitungswasser sehr streng kontrolliert wird. Damit es frisch und nicht abgestanden ist, sollte man das Wasser jedoch so lange laufen lassen, bis es kühl aus der Leitung kommt. Auch gekauftes Wasser aus Flaschen muss man nicht extra erhitzen, wenn man es innerhalb von ein paar Tagen aufbraucht und im Kühlschrank aufbewahrt, sobald es geöffnet ist. Die Empfehlung, das Wasser abzukochen, stammt noch aus früheren Zeiten, als das Trinkwasser noch häufig mit Keimen belastet war. In südlichen Ländern gelten andere Standards. Hier kauft man am besten abgepacktes Wasser.

》 Woraus soll mein Baby trinken?

Experten empfehlen, Kindern das Nuckelfläschchen spätestens bis zum ersten Geburtstag abzugewöhnen und auf Trinklernbecher umzusteigen. Im Handel gibt es eine ganze Reihe verschiedener Becher: tropfsichere zum Saugen, mit Strohhalm, mit hartem oder weichem Saugerteil. Prinzipiell sind alle Becher gleichermaßen geeignet. Oft muss man zwei, drei verschiedene Modelle ausprobieren, bis man einen Becher gefunden hat, aus dem es auch wirklich trinkt. Natürlich kann man das Baby auch aus einer normalen Tasse oder einem Glas trinken lassen. Auch Schnapsgläser eignen sich, da die Kleinen sie schon gut halten können. Will das Kind partout nicht ohne sein Fläschchen, sollte man es ihm wirklich nur zum Trinken überlassen, denn Dauer-Nuckeln schadet den Milchzähnen.

》 Im Handel wird spezielles Babywasser angeboten. Bietet es Vorteile?

Leitungswasser ist der optimale Durstlöscher für Kinder und grundsätzlich für Säuglinge geeignet. Mit einer Ausnahme: Sind im Haus Wasserrohre aus Blei oder Kupfer verlegt, sollte man abgepacktes Wasser bevorzugen, zumindest fürs Baby. Auskunft darüber, erhält man beim Vermieter. Spezielles Babywasser ist eigens für die Säuglingsernährung konzipiert

worden und im Regal mit den Baby-Produkten zu finden. Marketingexperten versuchen mit Werbeaussagen wie »keimfrei«, »natrium- und nitratarm« oder »kein Abkochen nötig« zu locken, aber diese Voraussetzungen erfüllt auch Leitungswasser – und ist deutlich günstiger.

》 Welches Mineralwasser dürfen Babys trinken?

Bedenkenlos zugreifen kann man bei Wasser mit dem Aufdruck »geeignet für die Zubereitung von Säuglingsnahrung«. Hierfür gelten besonders niedrige Grenzwerte für problematische Stoffe wie Natrium, Nitrat und Uran. Stilles Mineralwasser ist für Säuglinge optimal, da Kohlensäure Bauchweh auslösen kann. Was viele nicht wissen: Mineralwasser kann wesentlich zur Kalziumversorgung beitragen, z. B. wenn Kinder keine Milchprodukte vertragen. Dann sollte man ein Wasser wählen, dass mehr als 150 mg/l Kalzium enthält.

》 Wasser aus Glasflasche, PET-Flasche oder Tetrapack – was ist besser?

Das Wasser aus allen drei Verpackungsarten ist für die Babyernährung geeignet. Trotzdem sind vor allem die PET-Einweg-Flaschen in letzter Zeit ins Gerede gekommen, weil der Kunststoff Abbauprodukte, das Acetaldehyd, ans Wasser abgibt. Wer kein Risiko eingehen möchte und trotzdem kein schweres Glas schleppen will, wählt stattdessen PET-Mehrweg-Flaschen. Sie bestehen aus dickerem Kunststoff, der sich nicht eindrücken lässt und kein Acetaldehyd abgibt.

Allergien vorbeugen

Der gleiche Brei für jedes Kind: Neue Erkenntnisse aus der Wissenschaft machen Eltern und Kindern das Leben leichter. Für allergiegefährdete Babys sind Kuhmilch, Fisch & Co. nicht mehr tabu, sondern Darm und Immunsystem dürfen sich durch kleine Kostproben langsam daran gewöhnen. Das klingt erst einmal ungewohnt, wirkt aber! Denn der kleine Körper lernt so, Allergieauslöser zu tolerieren, ähnlich wie bei einer Impfung. Und Babys Speiseplan wird automatisch ausgewogener, wenn alle Grundnahrungsmittel darauf stehen dürfen. Wir beantworten hier die wichtigsten Fragen zur neuen Leitlinie Allergieprävention und erklären, worauf es ankommt, wenn in Ihrer Familie Allergien und Unverträglichkeiten vorkommen.

» Wir sind beide Allergiker. Welche Lebensmittel sollte ich unserem Baby besser nicht zu essen geben?
Ärzte empfehlen heute, allergiegefährdete Säuglinge genauso zu ernähren wie nicht allergiegefährdete. Die bisherige Strategie, sogenannte allergene Lebensmittel wie Weizen, Eier, Fisch und Kuhmilch zu meiden, hat nämlich nicht zu weniger Allergien geführt. Wissenschaftlern war aufgefallen, dass in Amerika die Zahl der Erdnuss-Allergiker immer mehr zunimmt, obwohl Babys und Kleinkinder dort gar keine Erdnüsse bekommen. In Israel ist ein Erdnusssnack dagegen

traditionell das erste Lebensmittel, das Babys gefüttert wird – und dort kommen allergische Reaktionen darauf so gut wie nie vor. Was die Forscher schon vermutet hatten, konnte in einer Vielzahl von Studien bewiesen werden: Werden Kuhmilch & Co. in kleinen Mengen gefüttert, wirkt das wie eine Impfung. Der Körper kann sich an die Allergene gewöhnen und lernt damit umzugehen. Vor allem wenn noch gestillt wird, denn Muttermilch scheint die Verträglichkeit von Lebensmitteln zu verbessern. Trotzdem sollten neue Speisen natürlich Schritt für Schritt eingeführt werden, um Babys Magen zu schonen. Weitere Ergebnisse der Studien: Das Wichtigste, um die Kleinen vor Allergien zu schützen, ist, sie vier Monate ausschließlich zu stillen oder mit Säuglingsmilch zu füttern. Tabakrauch scheint Allergien zu begünstigen, deshalb nicht in der Nähe der Babys rauchen. Und wer sich ein Haustier anschaffen möchte, sollte lieber einen Hund als eine Katze wählen, da Katzenhaare häufiger Allergien auslösen.

» Neuerdings heißt es, länger als vier Monate zu stillen bietet keinen zusätzlichen Schutz vor Allergien. Ist das richtig?
Ja, das stimmt. Zu dieser Fragestellung gab es eine Reihe von wissenschaftlichen Studien. Mit dem Ergebnis, dass über sechs Monate ausschließlich gestillte Babys nicht weniger Allergien bekom-

men als solche, die nur über vier Monate ausschließlich gestillt wurden. Danach zeigt das Kind selbst, wann es mit Beikost starten möchte. Begeistert sich das Baby schon früh für neue Lebensmittel, kann es nach dem vierten Monat schon losgehen. Verzieht es das Gesicht, wenn es nur den Löffel sieht, besser noch ein paar Wochen warten. Wichtig: Das Studienergebnis bitte nicht falsch verstehen. Natürlich können und sollen Säuglinge noch weit über den vierten Monat hinaus gestillt werden. Die Studien zeigen lediglich, dass Babys, die schon früh etwas Festes essen möchten, nicht häufiger Allergien bekommen als andere. Mütter können also unbesorgt im fünften Monat zufüttern – müssen aber nicht.

›› Je kleiner die Lebensmittelauswahl, umso weniger Allergien – stimmt das?

Das kann man so nicht sagen. Richtig ist: Anfangs sollte die Lebensmittelauswahl klein sein, um mögliche Allergien leichter erkennen zu können. Das heißt, bevor ein Lebensmittel neu eingeführt wird, sollten immer ein paar Tage vergangen sein. So lassen sich eventuelle Symptome wie Hautrötungen oder Magen-Darm-Probleme eindeutig zuordnen. Wird diese Grundregel eingehalten, können gerne nach und nach neue Lebensmittel eingeführt werden. Das Baby zeigt selbst, wozu es bereit ist. Das gilt auch für Kuhmilch, Weizen, Eier und Fisch. Der noch heute oft propagierte Verzicht auf diese Lebensmittel hat nicht dazu geführt, dass unsere Babys weniger Allergien bekommen. Das Gegenteil ist der Fall, denn die Allergieneigung nimmt immer mehr zu.

Ein Vergleich: Auch Kinder, die auf dem Bauernhof aufwachsen und deshalb mit vielfältigen Substanzen, darunter auch Schmutz, Pollen und Bakterien Kontakt haben, bekommen weniger Allergien. Das hygienische Leben in der Großstadt fördert dagegen die Allergieneigung – genauso wie ein Verzicht auf bestimmte Lebensmittel verhindert, dass der Körper damit umzugehen lernt.

›› Kuhmilch im ersten Lebensjahr – bekommt mein Baby davon eine Allergie?

Kuhmilch hat zu Unrecht den Ruf eines Allergieauslösers. Obwohl neueste wissenschaftliche Studien eindeutig das Gegenteil beweisen, hält sich das Vorurteil immer noch hartnäckig. Tatsache ist jedoch: Kuhmilch kann bedenkenlos ab dem sechsten Monat im Milchbrei gefüttert werden. Die Kleinen profitieren davon: Das Milcheiweiß hilft beim Wachsen und Kalzium stärkt Knochen und Zähne. Ins Fläschchen gehört sie im ersten Jahr noch nicht. Denn schon in den Milchbrei kommen etwa 200 ml und mehr Milcheiweiß würde die Nieren belasten. Ab dem ersten Lebensjahr können die Kinder zusätzlich Milch aus dem Glas zu trinken bekommen.

›› Woran erkenne ich, dass mein Baby eine Kuhmilcheiweiß-Allergie hat?

Das ist nicht ganz einfach, da die Kleinen sehr unterschiedlich auf das Eiweiß reagieren können. Häufige Symptome, die immer wieder auftreten, wenn das Baby etwas Kuhmilchhaltiges gegessen hat, sind: Durchfall, Erbrechen, Bauchweh, Verstopfung, häufiges Spucken, Hautaus-

schlag. Auch schlechte Gewichtszunahme und Appetitlosigkeit können ein Anzeichen sein. Treffen mehrere Symptome zu, bespricht man den Verdacht am besten mit seinem Kinderarzt. Nur er kann eine sichere Diagnose stellen. Reagiert das Baby allergisch auf Kuhmilcheiweiß und wird nicht gestillt, bekommt es spezielle Säuglingsmilch aus der Apotheke. Nicht zu verwechseln ist eine echte Allergie übrigens mit der Laktoseintoleranz. Hierbei führt der in der Milch enthaltene Milchzucker zu Bauchweh und Blähungen. Die Laktoseintoleranz tritt häufig vorübergehend nach Durchfällen auf und verschwindet sobald sich der Darm wieder regeneriert hat. Eine dauerhafte Unverträglichkeit gegen Laktose tritt erst im späteren Kindesalter auf.

» *Ab wann dürfen Babys Eier essen?*
Ebenso wie Fisch und Kuhmilch standen Eier trotz mauer Beweise lange auf der Verbotsliste für Babys. Nach der neuen Allergieleitlinie ist das jedoch überholt und macht das Füttern um einiges leichter, denn Eier stecken schließlich in vielen Lebensmitteln wie Pfannkuchen, Keksen, Zwieback oder Waffeln. Es spricht nichts dagegen, den Kleinen ab dem sechsten Monat schon mal einen Zwieback zum Knabbern anzubieten oder auch mal ein Löffelchen Rührei. Ab einem Jahr dürfen es ein bis zwei Eier pro Woche sein. Wichtig ist sie gut durchzugaren, denn rohe Eier können Salmonellen übertragen. Übrigens: In einigen Teilen Chinas ist es üblich, den Babys als erste Beikost Eier zu füttern – und die Kleinen vertragen es wunderbar!

》 Löst Fisch bei Babys Allergien aus?

Diese Meinung hält sich hartnäckig. Tatsache ist jedoch, dass Fisch sehr gesund ist, auch schon für die Kleinsten unter einem Jahr. Experten vermuten sogar, dass Fisch Babys vor Allergien und Neurodermitis schützen kann. Das zeigen eine Reihe von Studien aus Skandinavien, in denen Babys Fisch traditionell schon im zweiten Lebenshalbjahr zu essen bekommen. Auch Mütter aus mediterranen oder asiatischen Ländern füttern Fisch schon sehr früh. Aus ernährungswissenschaftlicher Sicht sind ein bis zwei Portionen Lachs oder Makrele pro Woche optimal. Denn beide liefern viele wertvolle Omega-3-Fettsäuren, die lebensnotwendig für eine gesunde Entwicklung sind. Auch Seelachs oder Kabeljau eignen sich. Sie enthalten darüber hinaus besonders viel Jod. Wichtig bei der Zubereitung ist, den Fisch immer gut durchzugaren. Außerdem das Filet unbedingt gründlich nach Gräten durchsuchen.

》 Der Kinderarzt vermutet, unser Baby leide an Zöliakie. Was bedeutet das?

Wenn das Baby nach den ersten Löffeln Getreidebrei oder Stückchen Brot mit Krämpfen oder Blähungen reagiert, kann Zöliakie die Ursache sein. Bei dieser Darm-Erkrankung verträgt der Körper das in vielen Getreidearten enthaltene Gluten nicht. Die Folge: Das gesamte Darmsystem spielt verrückt. Wichtige Nährstoffe können nicht mehr aufgenommen werden, sodass sogar Rückschritte in der Entwicklung möglich sind. Da die Symptome oftmals verschieden und auch unterschiedlich stark ausgeprägt sind, ist die Erkrankung nicht immer leicht zu erken-

nen. Klarheit bringt ein Bluttest. Denn nur bei Zöliakie sind bestimmte Antikörper gegen Gluten vorhanden. Glutenhaltiges muss dann konsequent vom Speiseplan gestrichen werden. Für alle getreidehaltigen Produkte wie Mehl, Nudeln, Kuchen, Brot, Kekse gibt es in großen Supermärkten, Drogerien und Reformhäusern Ersatzprodukte, bei denen das Gluten aus dem Getreide entfernt wurde. Mais- oder Kastanienmehl sind von Natur aus glutenfrei und können herkömmliches Weizenmehl ersetzen. Gemüse, Obst, Kartoffeln, Öle, Fleisch und Milchprodukte enthalten ebenfalls kein Gluten und können wie gewohnt gefüttert werden.

》 Soll ich nach und nach unterschiedliche Lebensmittel füttern, damit es sich an die Allergene gewöhnt?

Wissenschaftler gehen davon aus, dass Babys allergene Lebensmittel besser vertragen, wenn sie bereits in der Beikostphase damit Kontakt hatten. Es reicht aber, sich an die Empfehlungen des Beikostplans zu halten und nach und nach die verschiedenen Breiarten einzuführen. Klappt es mit dem Mittagsbrei gut, kann man dann etwas Fisch anstelle des Fleischs unterrühren. Für Getreidebreie kann man nach und nach verschiedene Sorten nehmen, z. B. anfangs Reis, dann Weizen, Dinkel und Hafer. Und wenn das Baby möchte, darf es zwischendurch gerne mal etwas Baguette essen, oder es gibt mittags statt des Gläschens mal Pfannkuchen oder ein Omelett. Das Baby gibt das Tempo vor, darf ungezwungen probieren und lernt so, dass es am Essen genauso teilhaben kann wie andere Familienmitglieder.

Wenn das Kind krank ist

Bei kleinen Wehwehchen kann die richtige Kost bei der Genesung helfen und Probleme lindern. Wenn Babys zu Verstopfung neigen beispielsweise oder wenn der Bauch häufig schmerzt. Dann ist es gut zu wissen, welche Lebensmittel den Darm bremsen und welche die Verdauung fördern. Wichtig für Eltern, deren Baby zu Bauchkrämpfen und Blähungen neigt: Bauchweh-Auslöser vermeiden und die Ernährung stattdessen auf leicht verdauliche Lebensmittel umstellen, die den Magen-Darm-Trakt besänftigen und den häufig eh schon gereizten Verdauungstrakt nicht zusätzlich stressen. Auch wenn der Popo wund ist und das Wickeln und Umziehen zur Qual wird, hilft es vielen Kindern, säurereiche Kost wegzulassen und auf Mildes zu setzen.

» Welche Kost lindert Blähungen?

Leidet das Baby häufig unter Blähungen, können schwer verdauliche Lebensmittel schuld sein. Dazu zählen Zwiebeln, Porree, alle Kohlarten, Hülsenfrüchte, aber auch stark gewürzte Speisen. Kuchen aus Hefeteig oder grobes Vollkornbrot wirken ebenfalls blähend. Da aber jeder Darm unterschiedlich reagiert, kommt es immer auf die Menge an. Einige Babys vertragen sogar einige Stückchen Zwiebeln im Essen wunderbar, während anderen schon etwas Brokkoli Probleme macht. In der Akutphase hilft besonders milde Kost, das Bäuchlein zu beruhigen. Reis – egal ob als Brei oder für die etwas älteren als Korn gegart – ist ideal. Dazu kann man etwas Birne, Pastinake oder Kürbis füttern, denn diese Sorten sind leicht verdaulich. Stopfendes wie Möhren, geriebener Apfel oder Bananen erst mal meiden, denn das behindert die Verdauung. Grundsätzlich sollte man neue Lebensmittel immer mit ein paar Tagen Abstand einführen. So kann man mögliche Bauchweh-Auslöser leicht identifizieren.

» Seitdem mein Baby Brei bekommt, hat es häufiger Verstopfungen. Welche Lebensmittel fördern die Verdauung?

Bei manchen Kindern bremst Beikost erst mal den Darm. Hat sich der Körper umgestellt, gibt sich das Problem meist wieder – spätestens wenn der Speiseplan abwechslungsreicher wird. Die meisten Gemüsesorten fördern wegen der enthaltenen Ballaststoffe die Verdauung. Eine Ausnahme ist die Möhre: Viele Eltern berichten, dass ihre Babys darauf mit Verstopfung reagieren. Unter den Obstsorten sind es häufig Bananen, die als Ursache in Frage kommen. Ärzte empfehlen, bei Verstopfung als natürliches Heilmittel Birnenmus zu füttern, denn das lockert den Stuhl auf. Wichtig ist auch, dass das Kind reichlich Wasser trinkt. Wenn sich die Verstopfung nicht nach ein, zwei Tagen bessert oder wenn Bauchweh oder ein stark aufgeblähtes Bäuchlein dazukommen, sollte man vorsichtshalber zum Arzt gehen.

》 *Cola und Salzstangen bei Durchfall –
gilt das auch für Babys?*

Auf keinen Fall. Da Babys viel schneller
austrocknen als Erwachsene, ist Durchfall
bei den Kleinen immer ernst zu nehmen
und grundsätzlich ein Fall für den Kinderarzt. Wirkliche Medikamente gegen
Durchfall hat zwar auch der Kinderarzt
nicht zur Verfügung, aber nur er kann
abschätzen, wann der Flüssigkeitsver-
lust fürs Baby gefährlich wird. Verliert
das Baby sehr viel Flüssigkeit, kann er
eine Elektrolytlösung verschreiben, die
Mineralstoffe in optimaler Zusammen-
setzung enthält. Besser als selten und
viel zu trinken ist, dem Baby öfter (d.h.
mindestens alle halbe Stunde) eine kleine
Menge anzubieten. Wichtig: Verweigert
das Baby jegliche Flüssigkeit und droht
auszutrocknen, muss es eine Infusion
im Krankenhaus bekommen. Es ist nicht
nötig, dem Baby eine Schonkost zu füttern. Wenn das Kind wieder Appetit
bekommt, wird es in der Regel eh leicht
Verdauliches wie Zwieback oder Brezel
bevorzugen.

》 *Welche Obstsorten reizen
Babys Po nicht?*

Besonders mild sind Banane und Birne. Sehr säurehaltig und deshalb öfters
schuld am roten Po sind dagegen Äpfel, Orangen, Pampelmusen, Mandarinen, Pfirsiche, Nektarinen, Erdbeeren
und Himbeeren. Auch auf den Saft dieser
Früchte reagieren viele Babys. Wurde das
Obst erhitzt, um es dann z.B. zu Mus zu
pürieren, wird es häufig besser vertragen. Reagieren die Kleinen auf säurehal-
tige Obstsorten empfindlich, bei Tomaten
ebenfalls vorsichtig sein, da auch sie Auslöser für wunde Popos sein können. Für
Gläschen werden häufig besonders milde
Obstsorten verwendet, die wenig Säure
enthalten. Deshalb kann es sein, dass Babys von Mamas frisch püriertem Brei Ausschlag bekommen und dieselbe Frucht aus
dem Gläschen keine Probleme macht.

Grundrezepte – x-mal variiert

Alle Rezepte in diesem Buch sind so konzipiert, dass Sie bestimmte Zutaten ganz nach Babys Bedürfnissen austauschen können. Erfahren Sie außerdem, welche Lebensmittel Ihr Baby wann essen darf.

Fürs Baby kochen – so geht's

Ist das Baby etwa ein halbes Jahr alt, kommt irgendwann die Lust aufs Essen – bei dem einen etwas früher, bei dem anderen etwas später. Doch wie bereitet man überhaupt Breie zu? Und was muss man beim Kochen beachten?

Obst und Gemüse – anfangs besser ohne Schale

Da der Verdauungstrakt von Ess-Anfängern noch nicht ausgereift ist, sollte man zu Beginn alle Obst- und Gemüsesorten fürs Baby schälen. Wie lange man auch Sorten mit essbarer Schale schälen soll, darüber sind sich Experten uneinig. Die einen plädieren fürs Schälen, bis die Kinder am Familientisch mitessen, also bis zum ersten Geburtstag. Die anderen halten dies für übertrieben und sogar nachteilig, da schließlich in und unter der Schale die meisten Vitamine sitzen. Die meisten Mütter machen es in der Praxis so: Hat sich das Baby nach zwei, drei Monaten an feste Kost gewöhnt und hat keine Probleme mit der Verdauung, wird zumindest bei dünnschaligen Gemüsesorten wie Zucchini und Möhren darauf verzichtet. Auf Sorten mit härterer Hülle wie Äpfel, Birnen, Pfirsiche und Gurken reagieren Kinder sehr unterschiedlich. Wer auf Nummer sicher gehen will, weil sein Baby einen empfindlichen Magen hat, wartet damit bis zum Ende des ersten Lebensjahres. Robusteren Mägen bekommt Ungeschältes in der Regel aber schon ab dem achten, neunten Lebensmonat. Bleibt die Schale dran, dann das Obst und Gemüse in jedem Fall gründlich waschen, um anhaftende Rückstände und Schmutz zu entfernen.

Vitaminschonend garen

Schwimmen Gemüse- und Kartoffelstücke in reichlich Wasser, gehen dadurch viele Nährstoffe verloren, da sie ins Kochwasser übergehen. Besser: den Topfboden nur gerade eben mit Wasser bedecken. Gart man mit geschlossenem Deckel, bildet sich im Topf heißer Wasserdampf, in dem das Gemüse, ohne auszulaugen, weich wird. Wer einen Dampfgarer oder Schnellkochtopf hat, kann diese ebenso gut verwenden. Die Garzeiten variieren von denen im »normalen« Kochtopf, deshalb die Herstellerangaben beachten. Auch das Garen im Ofen eignet sich: Fleisch, Kartoffeln und Kürbis werden dabei besonders aromatisch.

Ess-Anfänger bis zum zehnten Monat vertragen keine angebratenen Speisen. Grund sind die dabei entstehenden Röststoffe (zu erkennen an der Bräunung), die dem kleinen Magen zu schaffen machen. Erst gegen Ende des ersten Lebensjahres, wenn Babys an das übliche Familienessen herangeführt werden, darf Gebratenes auf den Tisch. Wichtig: Fleisch, Hackfleisch, Gemüse und Fisch nicht scharf, sondern ganz sanft anbraten. Dann entstehen dabei kaum Röststoffe. Und: nicht auf maximaler Stufe braten, nur bei mittlerer Hitze. Das Bratgut dabei häufig wenden, sodass es nicht zu braun wird.

Richtig einfrieren für den Vorrat

Besonders zeitsparend ist es, Babybrei auf Vorrat einzufrieren. Man kann den Brei fix und fertig einfrieren oder auch nur einzelne Komponenten, z.B. Gemüse-, Obst- oder Fleischpüree, mit denen sich später Babys Mahlzeiten schnell ergänzen lassen. Wichtig ist, den Brei direkt nach dem Kochen als Einzelportionen einzufrieren und nicht erst bei Zimmertemperatur abkühlen zu lassen. In der Fachsprache nennt man dies »Schock-Gefrieren«. Für Babybreie ist ein solch schnelles Abkühlen besonders wichtig, denn nur so lässt sich verhindern, dass sich unerwünschte Keime vermehren und zu viele Vitamine verloren gehen. Als Gefäße eignen sich anfangs Eiswürfelbehälter (den Brei eventuell im gefrorenen Zustand in Gefrierbeutel umfüllen), später kleine Schüsseln aus Kunststoff. Einige Mütter frieren gerne in ausgedienten Babygläschen ein, denn so lässt sich Babys Mahlzeit am besten im Gläschenwärmer erhitzen. Bei minus 18 Grad hält sich der gefrorene Brei bis zu zwei Monate. Wer keinen Gefrierschrank besitzt, kann eine weitere Portion für den nächsten Tag vorkochen und im Kühlschrank lagern.

Brei auftauen und erwärmen

Ideal ist es, den gefrorenen Brei erst kurz vor dem Essen aus dem Gefrierschrank zu nehmen. Das Herausnehmen am Vorabend und Auftauen im Kühlschrank über Nacht ist auch möglich, wird jedoch von Experten heute nicht mehr empfohlen, da sich über die Zeit theoretisch Keime im Brei vermehren könnten. Erwärmen kann man den Brei im Wasserbad, im Gläschenwärmer oder in der Mikrowelle. Brei aus dem Eiswürfelbehälter füllt man in ein Gläschen oder ein Schäl-chen aus Kunststoff um. Das Erwärmen im Gläschenwärmer dauert wesentlich länger als im Wasserbad. Deshalb rechtzeitig anstellen, damit das Baby nicht ungeduldig wird. Erwärmt man den Brei im Wasserbad, zwischendurch gelegentlich umrühren, damit sich der Brei gleichmäßig erwärmt. In der Mikrowelle geht's am schnellsten. Hier ist Umrühren besonders wichtig, da sich sonst »Hitzeinseln« bilden können – Stellen, an denen der Brei kochend heiß ist und sich das Baby verbrennen kann. Wichtig: Der Brei muss nicht mehr aufkochen. Es reicht, ihn auf Esstemperatur zu erhitzen, das schont die Vitamine.

Nitrit vermeiden

Fenchel, Kohlrabi, Spinat und Mangold reichern von Natur aus viel Nitrat an. Bei diesen Gemüsesorten ist es nach dem Zubereiten besonders wichtig, den Brei direkt im Kühl- oder Gefrierschrank zu kühlen. Bei höheren Temperaturen würde sich sonst das an sich ungiftige Nitrat aus dem Gemüse in giftiges Nitrit umwandeln. Auch beim langsamen Erwärmen, z.B. im Gläschenwärmer, wird vermehrt Nitrit gebildet. Gemüsepüree aus nitratreichen Sorten deshalb lieber im Wasserbad oder der Mikrowelle erhitzen.

Nicht nochmal erhitzen

Auch wenn der Brei noch lecker aussieht – Reste dürfen nicht ein zweites Mal erwärmt oder tiefgefroren werden. Grund hierfür ist, dass sich eventuell vorhandene krankmachende Bakterien im warmen Brei rapide vermehrt haben könnten. Deshalb niemals Reste aufheben, sondern dem Baby zuliebe entsorgen.

5. + 6. Monat – die Anfängerbreie

Ab dem 5. Lebensmonat kann es losgehen: Die allerersten Breie bestehen lediglich aus mildem Gemüse, z. B. Kürbis, Möhren, Pastinaken oder Zucchini. Dann kocht man Kartoffeln mit. Fleisch kommt erst später hinzu. Als Nächstes steht Obstpüree aus Apfel, Banane oder Birne auf dem Speiseplan, gemischt mit Getreideflocken. Auf den folgenden Seiten zeigen wir Ihnen, welche Lebensmittel Ess-Anfänger gut vertragen, wie man sie zubereitet und wie sie auf Verdauung und Gesundheit wirken.

Kürbis

Einkauf, Lagerung, Verarbeitung. Viele Kinder lieben den mild-süßen Geschmack von Kürbis. Besonders aromatisch sind kleine Exemplare wie z. B. der Hokkaido-Kürbis, der im Gegensatz zu den meisten anderen Sorten nicht geschält werden muss. Beim Einkauf darauf achten, dass es sich um Speisekürbisse und nicht um Zierkürbisse handelt. Denn Zierkürbisse enthalten oft Bitterstoffe (Cucurbitacine), die Magen-Darm-Beschwerden auslösen können. Auch wenn es sehr selten vorkommt, können vor allem in heimischer Kleinproduktion durch spontane Kreuzungen auch Speisekürbisse Cucurbitacine enthalten. Wenn das Kürbispüree bitter schmeckt – weg damit. Das weiche Kürbis-Fruchtfleisch zerfällt beim Kochen sehr leicht. Es mit Gabel oder Stampfer zu zerdrücken reicht deshalb für ein schnelles Püree. Wichtig, damit der Brei nicht verwässert: Nur wenig Wasser in den Topf füllen und den Deckel aufsetzen. So ziehen die Kürbisstücke im heißen Wasserdampf und zerfallen nicht bereits im Kochwasser. Außerdem werden so Geschmack und Vitamine geschont. Kürbisse lassen sich in Spalten geschnitten auch prima im Ofen garen. Das süßlich-milde Aroma kommt dann noch besser zur Geltung. Dafür die Spalten auf ein mit Backpapier ausgelegtes Blech legen und bei gut 200 Grad mindestens eine halbe Stunde garen. Nach dem Backen lassen sich die Kürbisstücke leicht zerdrücken oder eignen sich auch prima als Fingerfood. In einer kühlen Ecke in der Küche halten sich Kürbisse mehrere Wochen. Angeschnittene Exemplare kann man in Frischhaltefolie gewickelt einige Tage im Kühlschrank lagern.

Inhaltsstoffe und Gesundheit. Kürbisse sind reich an Carotinoiden, die im Körper in Vitamin A umgewandelt werden und wichtig für die Augenfunktion sind. Darüber hinaus blockieren Carotinoide freie Radikale, die z. B. durch UV-Strahlung oder Umweltgifte im Körper entstehen, und schützen daher vor Zellschäden. Da die Carotinoide dem Kürbis seine gelborange Farbe verleihen, gilt: Je kräftiger die Farbe des Kürbisses, umso höher ist der Carotinoidgehalt. Deshalb beim Einkauf möglichst intensiv-gelbe Exemplare wie z. B. den Hokkaido wählen. Kürbisse enthalten auch reichlich Vitamin C und helfen durch ihren hohen Gehalt an Kalium, den Flüssigkeitshaushalt des Körpers zu regulieren. Die enthaltenen Ballaststoffe bringen die Verdauung auf sanfte Weise ins Gleichgewicht. Kürbisse sind aufgrund ihres hohen Wassergehalts von 90 Prozent ein kalorienarmes Gemüse. In 100 g stecken nur 25 kcal.

Verträglichkeit. Starten Babys mit fester Kost, ist Kürbispüree eine prima Wahl. Denn Kürbis-Fruchtfleisch ist sehr mild und wird auch schon von den Kleinsten gut vertragen. Außerdem enthält es eine ausgewogene Mischung aus Vitaminen und Mineralstoffen. Auch wenn Ess-Anfänger auf Möhrenbrei mit Verstopfung reagieren, ist Kürbispüree eine gute Alternative.

Möhre

Einkauf, Lagerung, Verarbeitung. Gekochte, pürierte Möhren haben einen süßlichen Geschmack, der Babys an Muttermilch erinnert. Schon seit Generationen ist Möhrenbrei daher beliebt als erste Baby-Kost. Dicke Wintermöhren eignen sich ebenso gut wie zarte Bundmöhren, die im Frühjahr und Sommer erhältlich sind. Die Schale ist bei beiden Sorten extrem dünn. Wenn das Baby einen unempfindlichen Magen hat, kann man daher schnell dazu übergehen, aufs Schälen zu verzichten. Auch Bio-Ware dann gründlich unter warmem Wasser abbürsten, um Schmutz oder anhaftende Rückstände zu entfernen. Auf Wochenmärkten werden auch rote oder gelbe Möhren angeboten, die sich ebenfalls prima für die Babyernährung eignen. Möhren halten sich gut in einem kühlen Keller, aber auch im Kühlschrank sind sie gut aufgehoben. In Plastikfolie bildet sich allerdings schnell Schimmel. Besser: Die Möhren in ein feuchtes Tuch einschlagen.

Inhaltsstoffe und Gesundheit. Schon das leuchtende Orange der Möhre verrät, dass in ihr viele Pflanzenfarbstoffe stecken. Die enthaltenen Carotinoide schützen die Pflanze vor dem Gefressenwerden und vor UV-Strahlung. Auch im menschlichen Organismus entfalten Carotinoide ihre Schutzwirkung, indem sie die Körperzellen und die Netzhaut vor Schädigung bewahren. Außerdem bewirkt Vitamin A, dass sich Babys Augen leichter an Helligkeit und Dunkelheit anpassen. Bei Babys, die viele Möhren essen, kann sich die Haut gelblich-orange verfärben. Das ist völlig ungefährlich und verschwindet von selbst wieder, wenn vermehrt andere Lebensmittel auf dem Speiseplan stehen.

Verträglichkeit. Möhren sind leicht verdaulich. Immer wieder berichten Mütter jedoch, dass ihre Babys auf Möhren mit Verstopfung reagieren. In diesem Fall kann man gut auf Kürbispüree ausweichen, das in der Nährstoffzusammensetzung ähnlich ist. Oder man mischt die Möhren bei etwas älteren Babys mit anderen Gemüsesorten, z. B. Kürbis, Kartoffeln oder Zucchini. Umstritten ist auch die allergene Wirkung von Möhren, die zwar wissenschaftlich bisher nicht bewiesen werden konnte, aber vor allem Babys mit Neurodermitis sollen auf Möhren immer wieder mit vermehrtem Ausschlag reagiert haben.

Pastinake

Einkauf, Lagerung, Verarbeitung. Als typisches Wintergemüse sind Pastinaken von September bis April erhältlich. Auch wenn die Pastinake der Petersilienwurzel stark ähnelt, im Geschmack unterscheiden sie sich deutlich. Pastinaken haben ein süßliches Aroma und sind viel milder als die Petersilienwurzel – ideal also für Babys erste Ess-Versuche. Die weiß-gelben Wurzeln müssen geschält werden und können danach wie Möhren im Ganzen oder in Stückchen weich gekocht und anschließend püriert werden. Im Ofen gebacken schmecken Pastinaken besonders aromatisch. Pastinaken sind nicht immer leicht zu bekommen. Auch wer keinen Wochenmarkt oder gut sortierten Gemüseladen um die Ecke hat, kann sich prima damit bevorraten, da sie sich im Kühlschrank bis zu zwei Wochen halten.

Inhaltsstoffe und Gesundheit. Bevor die Kartoffel ihr den Rang ablief, war die weiße Wurzel ein wichtiges Grundnahrungsmittel. Schon daran lässt sich erkennen, wie viele wertvolle Inhaltsstoffe in ihr stecken. Sie ist ebenso reich an Kohlenhydraten wie die Kartoffel und sättigt deshalb über einen langen Zeitraum. In ihr stecken auch ätherische Öle, die Magen- und Darmbeschwerden lindern und antimikrobiell wirken. Außerdem sind Pastinaken ein außerordentlich guter Folsäure-Lieferant. Folsäure, unerlässlich für Zellwachstum und Blutbildung, ist hierzulande ein Mangelvitamin, deshalb sollte man bei Babys auf eine ausreichende Zufuhr achten. 100 g Pastinake decken etwa die Hälfte der Tageszufuhr eines sechs Monate alten Säuglings. Außerdem stecken in Pastinaken reichlich Kalium, Vitamin C, B-Vitamine und Zink für eine starke Immunabwehr und eine gesunde, widerstandsfähige Haut.

Verträglichkeit. Pastinaken sind sehr mild zu Babys Magen. Sie eignen sich daher ideal als erste Kost. Auf die Verdauung wirken sie regulierend. Wenn Babys zu Verstopfung neigen, ist Pastinakenbrei ideal, um damit z. B. Möhrenbrei zu »verdünnen«.

Zucchini

Einkauf, Lagerung, Verarbeitung. Weiße Sprenkel auf der Schale sind ein Zeichen dafür, dass das Gemüse im Freiland gewachsen ist. In den Sommermonaten haben heimische Zucchini Saison, Import-

47

ware gibt es das ganze Jahr über. Kleine Exemplare sind besonders zart und aromatisch. Neuerdings werden neben der klassischen grünen Variante auch gelbe Sorten angeboten, die sich ebenfalls gut für die Baby-Küche eignen. Optimal gelagert an einem kühlen Ort, z. B. auf der Fensterbank oder im Keller, halten sie sich bis zu zwei Wochen. Kühlschrank-Kälte macht Zucchini dagegen weich und wässrig. Das von Tomaten, Äpfeln oder Bananen ausgeströmte Ethylen lässt Zucchini schneller altern, deshalb nicht zusammen aufbewahren. Bitter schmeckende Zucchini unbedingt entsorgen. Durch natürliche Kreuzungen mit mutierten Arten können Zucchini giftige Bitterstoffe enthalten. Das kommt zwar nur sehr selten vor, aber man sollte die Zucchini vorsichtshalber probieren, bevor man sie ans Baby verfüttert. Das gilt vor allem, wenn man die Zucchini von Hobby-Gärtnern kauft, denn in nicht kontrollierter Heimproduktion kommen solche Mutationen viel häufiger vor.

Inhaltsstoffe und Gesundheit. Zucchini enthalten ausgesprochen viel Wasser und sind daher wie Gurken sehr kalorienarm, allerdings wesentlich nährstoffreicher: Sie liefern doppelt so viel Vitamin C, reichlich Carotinoide, Vitamin B_1, Vitamin K, Vitamin C und sogar etwas Eisen und Kalzium.

Verträglichkeit. Das grüne Gemüse ist sehr bekömmlich und wird auch schon von den Kleinsten gut vertragen. Auch die Schale ist leicht verdaulich. Gegen Ende des ersten Lebensjahres vertragen Babys schon roh geraspelte Zucchini, z. B. als

Salat mit Möhren vermischt oder unter Frischkäse gerührt als Brotaufstrich.

Kartoffel

Einkauf, Lagerung, Verarbeitung. Für die Baby-Küche eignen sich mehligkochende Sorten am besten, da sie nach dem Kochen weich zerfallen und sich leicht zerdrücken lassen. Am besten nimmt man hierzu einen Kartoffelstampfer, da der Brei durch den Pürierstab zäh und kleistrig wird. Grünliche Stellen vor dem Kochen großzügig herausschneiden, denn Grund für die Verfärbung ist das giftige Solanin. Es wird beim Erhitzen nicht zerstört und löst Durchfall, Erbrechen und Übelkeit aus. Auch in Keimen und Schale kann Solanin stecken. Deshalb die Keime ebenfalls entfernen und auch Frühkartoffeln für Babys immer schälen. Da Kartoffeln unter Lichteinwirkung Solanin bilden, lagert man sie zu Hause am besten dunkel, z. B. in einer Holzkiste oder einem Stoffbeutel. Wer einen kühlen Keller oder Flur hat, bewahrt die Knollen dort auf, denn schon bei Zimmertemperatur fangen sie an zu keimen und werden schrumpelig. Damit beim Kochen viele Vitamine erhalten bleiben, sollte man die Knollen in möglichst wenig Wasser kochen. Wer sie als Pellkartoffeln gart und erst nach dem Kochen schält, kann fast alle Nährstoffe erhalten.

Inhaltsstoffe und Gesundheit. Kartoffeln sind ein ideales Grundnahrungsmittel für Babys, das täglich auf dem Speiseplan stehen kann. Denn zu rund 20 Prozent besteht die Knolle aus leicht verdaulicher

Stärke, die lange satt hält, ohne Babys Magen zu belasten. Außerdem stecken in ihr essentielle pflanzliche Eiweiße, die der Körper fürs Wachstum benötigt, aber nicht selber herstellen kann. Auch an Vitaminen und Mineralstoffen hat die Knolle viel zu bieten: Ebenso viel Vitamin C wie Johannisbeeren, reichlich Kalium, B-Vitamine und Magnesium. Aufgrund ihres hohen Vitamin-C-Gehalts ist sie auch ein prima »Ersatz-Obst« für Kinder, die Apfel & Co. nicht mögen. Übrigens hat die Kartoffeln zu Unrecht den Ruf eines Dickmachers. Sie besteht zu gut drei Vierteln aus Wasser und ist daher kalorienarm.

Verträglichkeit. Kartoffeln werden von Babys prima vertragen. Sie sind schön mild und wirken wie Balsam auf gestresste Mägen.

Avocado

Einkauf, Lagerung, Verarbeitung. In Amerika steht die Avocado auf Platz 1 der ersten Lebensmittel fürs Baby. Ihr Pluspunkt: Sie lässt sich im rohen Zustand leicht mit der Gabel zerdrücken. Das erspart im Gegensatz zu Möhre & Co. einiges an Zeit, da das Kochen entfällt und die Kleinen anfangs ohnehin nur ein paar Löffelchen essen. Für die ersten Fütterversuche am besten erst mal eine kleine Menge herauslöffeln. Das restliche Fruchtfleisch in der Schale lassen und mit Frischhaltefolie abdecken. So hält es sich bis zum nächsten Tag im Kühlschrank. Wer im Supermarkt nur harte Exemplare bekommt, kann diese zu Hause bei Zimmertemperatur in Zei-

tungspapier eingewickelt nachreifen lassen. Es kann bis zu einer Woche dauern, bis die Frucht reif ist und sich mit dem Finger eindrücken lässt. Avocados sollten nur roh gegessen werden, da sich beim Erhitzen Bitterstoffe bilden können. Diese sind zwar ungefährlich, aber natürlich wird den Kleinen bei bitterer Kost schnell der Appetit vergehen. Tipp: Pürierte Avocado eignet sich auch prima als cremiger Brotaufstrich für etwas ältere Babys. Ab dem zehnten, elften Monat schmeckt vielen statt Brei solch ein lecker bestrichenes Brot. Wer mag, kann noch gewürfelte Tomaten unterrühren.

Inhaltsstoffe und Gesundheit. Aus ernährungswissenschaftlicher Sicht werden Avocados als besonders gesund eingestuft, da sie fast alle Nährstoffe liefern, die der Körper braucht. Die Vitamine A, D und E sind besonders reichlich enthalten. Außerdem liefert sie Folsäure, Kalium, B-Vitamine, Kalzium, Magnesium und sogar etwas Eisen. Ein weiteres großes Plus ist ihr hoher Gehalt an pflanzlichen Fetten (24 g/100 g). Zwar ist die Avocado dadurch recht kalorienreich, trotzdem ist sie kein Dickmacher. Denn in ihr stecken nur Fette von guter Qualität in einer ausgewogenen Mischung von gesunden einfach und mehrfach ungesättigten Fettsäuren.

Verträglichkeit. Avocados sind sehr mild und werden aufgrund ihres geringen Fruchtsäuregehalts von so gut wie jedem Baby problemlos vertragen. Sie regulieren die Darmtätigkeit, d. h., sie wirken sowohl zu festem als auch zu flüssigem Stuhl entgegen.

Apfel

Einkauf, Lagerung, Verarbeitung. Glänzen Äpfel wie poliert, haben die Bauern die Schale mit einem künstlichen Wachs überzogen. Das macht den Apfel haltbarer, weil er nicht so schnell austrocknet und weniger anfällig für Pilze ist. Da nur unbedenkliche Wachse verwendet werden, ist das Wachs nicht schädlich, aber trotzdem möchte man es natürlich nicht mitessen. Weil Wachs nicht wasserlöslich ist, bringt Waschen nicht viel. Besser ist es, die Schale mit einem feuchten Tuch abzureiben. Wer einheimische Sorten kauft, braucht sich darum keine Gedanken zu machen, denn deutsche Bauern verzichten in der Regel auf das Wachsen. Je nach Sorte kann die Apfelschale recht hart sein, besonders Ess-Anfängern macht die Konsistenz beim Kauen Probleme. Spätestens wenn das Baby ein paar Zähnchen hat, kann man aber dazu übergehen, die Schale dranzulassen. Tipp: Toll für Ess-Anfänger, die gerne Fingerfood mögen, aber für rohe Apfelschnitze noch zu wenige Zähnchen haben: Apfelspalten aus dem Ofen. Dazu das Kerngehäuse ausstechen, den Apfel in Spalten schneiden und nach Belieben schälen. Im Backofen je nach Dicke ca. 15–25 Min. backen – sehr aromatisch, gut verträglich und super lecker!

Inhaltsstoffe und Gesundheit. Äpfel können die Verdauung gleich zweifach regulieren. Auf der einen Seite bringen sie einen trägen Darm wieder in Schwung, auf der anderen Seite haben sie bei Durchfall eine stopfende Wirkung. Der Grund: Sie enthalten zwei Arten Ballaststoffe, nämlich lösliche und unlösliche. Der lösliche Ballaststoff Pektin festigt den Stuhl, weil er überschüssiges Wasser bindet. Die unlöslichen Ballaststoffe bringen mehr Volumen in den Darm und sorgen so für eine regelmäßige Verdauung und verhindern Verstopfung. Ein altes, aber sehr wirksames Hausmittel bei Durchfall ist ein geriebener Apfel. Das Reiben macht ihn leichter verdaulich und schont so den ohnehin schon angegriffenen Darm. Außerdem kann das Pektin so mehr Flüssigkeit binden. Äpfel sind besonders reich an Vitamin C, das Babys Immunabwehr stärkt und vor Krankheiten schützt. Außerdem enthalten: der sekundäre Pflanzenstoff Quercetin, der entzündungshemmend wirkt und aggressive Substanzen im Körper neutralisiert.

Verträglichkeit. Äpfel sind ideal für Babys erste Kostproben. Denn sie sind leicht verdaulich und stecken voller Vitalstoffe. Einigen Babys macht allerdings deren mittelhoher Fruchtsäuregehalt zu schaffen. Anfangen sollte man in den ersten Beikostwochen deshalb erst mal mit Apfelmus, denn gekochte Äpfel sind besser verträglich als rohe. Für Baby-Apfelmus aus dem Glas werden spezielle Sorten ausgewählt, die besonders säurearm sind und daher den Magen schonen. Wer das Püree selber zubereiten will, wählt am besten die säurearmen Sorten Golden Delicious oder Fuji. Sie enthalten nur rund halb so viel Säure wie z. B. Idared, Breaburn oder Elstar. Die Sorten Rubinstar und Pinova, die überwiegend auf Wochenmärkten angeboten werden, enthalten ebenfalls wenig Säure.

Banane

Einkauf, Lagerung, Verarbeitung. Ideal für Babys sind sattgelbe Exemplare, die nicht mehr grün sind. Den je grüner die Banane, umso weniger süß schmeckt sie. Außerdem sind gelb-grüne Exemplare recht hart und lassen sich nur schwer zerdrücken. Tipp: Grüne, unreife Bananen reifen bei Zimmertemperatur in Zeitungspapier gewickelt innerhalb von ein, zwei Tagen nach. Bio-Ware muss es nicht unbedingt sein. Denn Untersuchungen bestätigen immer wieder, dass auch bei konventionellen Bananen lediglich Spuren von Pestiziden nachweisbar waren, weil die dicke Schale verhindert, dass diese ins Fruchtfleisch übergehen. Da sich auf der Schale aber immer noch Pestizide befinden können, lohnen sich Bio-Bananen vor allem dann, wenn die Kleinen die Banane zum Essen in die Hand nehmen und direkt mit der Schale in Berührung kommen.

Inhaltsstoffe und Gesundheit. Je brauner die Banane ist, umso mehr Stärke wurde in Fruchtzucker umgewandelt und umso süßer und aromatischer ist sie. Auf den Mineralstoff- und Vitamingehalt hat die Reife keinen Einfluss. Auch sehr braune Exemplare enthalten noch reichlich Magnesium, Kalium und Vitamin C. Die Banane hat den Ruf eines Dickmachers. Tatsache ist: Bananen enthalten wegen ihres hohen Fruchtzuckergehalts etwa doppelt so viele Kalorien (90 kcal pro 100 g) wie andere Obstsorten. Im Gegensatz zu Schokolade und Kuchen hält sie jedoch durch den Gehalt an Ballaststoffen und Stärke lange satt und liefert viele Nährstoffe.

Verträglichkeit. Da Bananen gut verträglich sind und wegen ihres süßen Geschmacks gerne gegessen werden, eignen sie sich prima für Babys erste Kost. Allerdings bremsen Bananen bei einigen Babys die Darmtätigkeit und wirken leicht stopfend. Wenn Bananen Probleme machen, kann man kleine Mengen davon z. B. unter Birnen- oder Apfelmus mischen – das gleicht die stopfende Wirkung aus.

Birne

Einkauf, Lagerung, Verarbeitung. Birnen schmecken schön mild und süß. Das macht sie zum idealen Anfängerobst. Für die ersten Löffel bietet man sie am besten gekocht als Mus an. Wegen des geringen Fruchtsäureanteils kann man sie für etwas ältere Säuglinge im zweiten Lebenshalbjahr auch auf einer Glasreibe gerieben oder in Spalten geschnitten anbieten – nicht kleiner, sonst könnten sich die ganz Kleinen daran verschlucken. Birnen reifen bei Zimmertemperatur oftmals schnell nach und werden dann sehr weich. Die Früchte halten sich einige Tage länger, werden sie im Kühlschrank gelagert. Auch bei Birnen sitzen viele Nährstoffe in und unter der Schale, deshalb sollte man rasch dazu übergehen, sie ungeschält anzubieten. Übrigens: Braune, fast wie Rost aussehende Flecken auf der Schale sind kein Qualitätsmangel, sondern typisch für bestimmte Sorten. Da die Schale hier jedoch rau und fest ist, diese Stellen am besten herausschneiden. Eine Alternative zu heimischen Sorten ist die asiatische Nashi-Birne. Deren Schale ist allerdings häufig recht fest, weshalb man die Früchte auch für ältere Säuglinge, die bereits Zähne haben, besser schält.

Inhaltsstoffe und Gesundheit. Birnen enthalten reichlich Kalium. Säuglinge im Wachstum brauchen besonders viel davon, da Kalium das Zellwachstum unterstützt. Ein weiteres Plus: Die Früchte tragen auch zur Folsäureversorgung bei und fördern damit die Bildung roter und weißer Blutkörperchen. Da Folsäure hitzeempfindlich ist, das Baby öfters von der frischen Frucht naschen lassen, sobald es dies verträgt. Außerdem enthalten sie reichlich Vitamin C.

Verträglichkeit. Keine Obstsorte enthält weniger Fruchtsäure als Birnen: Die Mengen sind so minimal, dass sie so gut wie von jedem Baby vertragen werden, sogar bei empfindlichem Magen. Auch die Schale ist leicht verdaulich, deshalb braucht man sie, sobald sich das Baby nach einigen Monaten an Beikost gewöhnt hat, nicht mehr entfernen.

Rapsöl

Einkauf, Lagerung, Verarbeitung. Das Forschungsinstitut für Kinderernährung (www.fke-do.de) empfiehlt Rapsöl für die Babyküche. Trägt das Öl die Bezeichnung »raffiniert« bedeutet dies, dass z.B. Trübstoffe und natürliche Farbstoffe aus dem Öl herausgefiltert wurden. Dadurch ist es länger haltbar und hitzestabiler. »Kalt gepresste« oder »native« Öle werden dagegen besonders schonend gepresst

und enthalten daher noch alle natürlichen Trübstoffe und sind etwas kräftiger im Geschmack. Die frühere Empfehlung, fürs Baby raffiniertes anstatt kalt gepresstes Öl zu bevorzugen, ist überholt. Denn durch moderne Pressverfahren finden sich heute auch in nativen und kalt gepressten Ölen keine Schadstoffe mehr. Sehr große Hitze z.B. beim Anbraten verträgt allerdings raffiniertes Öl besser, kalt gepresstes Öl könnte bitter werden.

Inhaltsstoffe und Gesundheit. Rapsöl enthält viele wertvolle Omega-3-Fettsäuren, die für den Körper essentiell sind, d.h., der Körper kann sie nicht selber herstellen. Besonders günstig ist das Omega-3-Fett Alpha-Linolensäure, denn es ist Ausgangsprodukt für Membranen und Zellen in Gehirn, Netzhaut und Immunsystem. Für Säuglinge ist eine ausreichende Zufuhr an diesen Fetten wichtig, weil sie durch ihr schnelles Wachstum besonders viele neue Zellen bilden.

Verträglichkeit. Sowohl raffiniertes als auch kalt gepresstes Rapsöl werden von Säuglingen prima vertragen, auch von allergiegefährdeten.

Getreideflocken und Grieß

Einkauf, Lagerung, Verarbeitung. Dinkel, Hafer, Reis, Weizen oder Hirse – unter den Getreideflocken für Babybreie ist die Auswahl besonders groß. Man sollte sich nicht dazu verleiten lassen, gleich zu Mischungen aus mehreren Sorten zu greifen. Für Ess-Anfänger reichen Flocken aus nur einer Getreideart. Erst wenn das Baby jede der Sorten probiert hat und verträgt, kann es Mischungen wie z. B. Vier-Korn-Brei bekommen. Im Unterschied zu herkömmlichen Getreideflocken sind Baby-Instantflocken besonders leicht löslich. Der Brei wird ganz glatt und ist leicht verdaulich, ideal also für die ganz Kleinen. Nach ein paar Wochen, wenn sich das Baby an den Brei gewöhnt hat, eignen sich auch herkömmliche Getreideflocken prima. Eine große Auswahl findet man in gut sortierten Drogerien oder Bioläden. Hier gibt es meist auch seltenere Getreideflocken wie Hirse oder Dinkel. Oft werden die Flocken in zwei Varianten angeboten: zart oder grob bzw. kernig. Für Babys im ersten Lebensjahr sind die zarten Weichblattflocken optimal, weil sich diese besser auflösen und die Kleinen daher auch ohne Zähnchen damit zurechtkommen. Wichtig: Frisch gequetschte Getreideflocken aus der Mühle vertragen Babys noch nicht.

Inhaltsstoffe und Gesundheit. Getreide ist einer der wichtigsten Bausteine gesunder Ernährung. Denn es sättigt durch die enthaltenen Ballaststoffe, ohne dabei viele Kalorien zu liefern. In Vollkornflocken stecken besonders viele Ballaststoffe, außerdem B-Vitamine, Kalium, Magnesium, Zink und Eisen.

- Dinkel ist eine Urform des Weizens und steht wegen seines nussigen Geschmacks bei vielen Babys hoch im Kurs. In puncto Nährstoffe schneidet Dinkel sogar besser ab als Weizen, weil er mehr hochwertiges, leicht verdauliches Eiweiß enthält, das für die Kleinen im Wachstum besonders wichtig ist.

- Hafer- und Hirseflocken eignen sich prima für vegetarisch ernährte Babys, weil darin extra viel Eisen steckt. Da Hirse kein Gluten enthält, war sie lange das Standardgetreide für Babys mit einem Zöliakie-Risiko. Heute weiß man jedoch, dass sich das Immunsystem durch frühzeitigen Kontakt an Gluten gewöhnen kann.

- Reis gehört wie Hirse zu den glutenfreien Getreidesorten und liefert reichlich leicht verdauliche Stärke und wenig Eiweiß. Reis-Instantflocken werden meist aus geschältem Reis hergestellt, der nur noch wenig Vitamine und Mineralstoffe liefert. Nährstoffreicher ist die Vollkornvariante, die mittlerweile auch von einigen Herstellern angeboten wird (siehe Zutatenliste auf der Verpackung).

Verträglichkeit. Vollkorn schon für Säuglinge? Davor schrecken viele Mütter zurück, weil sie Babys Bäuchlein schonen wollen. Tatsache ist aber, dass selbst ganz junge Säuglinge schon kleine Mengen Vollkorn vertragen. Schließlich werden anfangs ohnehin nur Mini-Mengen gefüttert. Auch in einer ganzen Portion Milch-Getreide-Brei oder im Getreide-Obst-Brei stecken nur 20 g Flocken – das sind Mengen, die in der Regel gut vertragen werden. Wer ganz sichergehen will, dass die Flocken keine Probleme machen, oder weiß, dass das Baby einen sensiblen Magen hat, greift anfangs zu geschälten Sorten. Reis-Instantflocken oder Weizengrieß werden als helle Variante angeboten. Diese enthalten weniger Ballaststoffe und dafür mehr Stärke, weshalb sie leichter verdaulich sind. Hat sich das Baby daran gewöhnt, kann man langsam den Anteil der Vollkornflocken erhöhen. In puncto Allergien und Zöliakie gilt: Auch glutenhaltiges Getreide wie Weizen und Dinkel darf auf den Speiseplan. Die frühere Empfehlung, Glutenhaltiges erst später zu füttern, hat nicht zu weniger Allergien oder Zöliakie geführt, wie groß angelegte Untersuchungen ergeben haben. Hat ein Verwandter ersten Grades, d. h. die Eltern oder ein Geschwisterkind, Zöliakie, kann das Füttern von glutenhaltigem Getreide den Säugling sogar davor schützen, selbst eine Zöliakie zu entwickeln. Dafür reichen schon kleine Probiermengen aus, die das Baby zwischen dem vierten und sechsten Monat bekommen, möglichst solange es noch gestillt wird. Forscher gehen davon aus, dass das Kind dadurch quasi »geimpft« wird und Gluten später toleriert. Diese Probiermengen müssen nicht unbedingt in Form von Brei gefüttert werden. Genauso gut kann das Baby an einem Dinkelzwieback oder etwas Weizenbrotrinde lutschen – nicht täglich, alle paar Tage oder einmal die Woche reicht.

Weitere Lebensmittel, die Ihr Baby schon verträgt
- Kohlrabi
- Steckrübe

Hinweise zu den Rezepten

Alle Rezepte sind konzipiert als Grundrezepte, d. h., Sie können einen Teil der Zutaten ganz nach den Bedürfnissen Ihres Babys individuell auswählen.

Die Portionsgrößen

sind angepasst an die angegebene Altersstufe des Babys. Da jedoch der Appetit von Baby zu Baby stark variiert und auch je nach Tagesform unterschiedlich sein kann, sind die Mengenangaben als grobe Orientierung zu verstehen. Eltern guter Esser können vielleicht die Mengen etwas erhöhen, während man sie bei kleinen Erbsenzählern vielleicht etwas reduzieren kann. Vertrauen Sie auf sich und Ihr Baby. Wenn Ihr Kleines nach dem Essen einen zufriedenen Eindruck macht, ist es in jedem Fall satt, auch wenn es nicht die ganze Portion geschafft hat.

Die Garzeiten

gelten für frisches Gemüse. Es handelt sich um Durchschnittswerte, die je nach Sorte und Größe des klein geschnittenen Gemüses variieren können. Bitte beachten Sie, dass zartere Sorten wie Zucchini oder Spinat eine kürzere Garzeit haben und geben Sie solche Sorten eventuell erst etwas später mit zu den härteren Sorten in den Kochtopf. TK-Gemüse bitte nach Packungsanweisung zubereiten.

Wie viel Kochwasser

im Topf verbleibt bzw. vor dem Pürieren abgegossen wird, hängt von der gewünschten Konsistenz des Breis und den verwendeten Lebensmitteln ab. Als Orientierung gilt: Für eine Babyportion reicht etwa die Menge von 1 bis 2 Esslöffeln. Kocht man 10 Portionen für den Vorrat, können für einen sämigen Brei etwa ein halbes bis ganzes Glas Kochwasser im Topf verbleiben.

Variationen

Gut verträgliches Gemüse

Kürbis, Möhre, Pastinake, Blumenkohl

Zu jedem Rezept finden Sie Vorschläge zum Austauschen bestimmter Zutaten – je nach Vorlieben des Babys, Verträglichkeit und dem, was vielleicht gerade Saison hat oder sowieso schon im Kühlschrank liegt.

Baby- und Erwachsenenportion

Ab Seite 100 finden Sie bei den Rezepten das Symbol für eine Baby- und Erwachsenenportion – für das gemeinsame Mittagessen.

Babys Top-3

- Dinkel-Milchbrei mit Apfel
- Hafer-Milchbrei mit Birne
- Weizen-Milchbrei mit Banane

Für die ab dem 6. Monat geeigneten Rezepte finden Sie hier die Grundrezept-Variationen, die bei den kleinen Testessern in unserer Versuchsküche besonders gut angekommen sind.

5. + 6. MONAT

Erstes Gemüsepüree

Anfangs sollte der Brei eher dünnflüssig sein, denn dann kann ihn das Baby besser schlucken. Und wie viel es davon isst, ist erst einmal nicht so wichtig.

Grundrezept		30 Min.
1 Port.		**10 Port.**
100 g	**Gemüse**	1 kg
1 TL	**Rapsöl**	10 TL

Variationen

Gut verträgliches Gemüse

Kohlrabi, Kürbis, Möhre, Pastinake, Steckrübe, Zucchini

- Das Gemüse waschen, putzen, schälen und in kleine Stücke schneiden. Die Gemüsestückchen in einen Topf geben und in wenig Wasser in etwa 15 bis 20 Min. weich dünsten. Den Deckel dabei auf den Topf setzen, dann gart das Gemüse nährstoffschonend im Wasserdampf.

- Den Topf von der Herdplatte nehmen. Das Gemüse zusammen mit etwas Kochwasser fein pürieren. Das Rapsöl zufügen und unterrühren.

- Den Brei frisch gekocht servieren oder für den Vorrat als Einzelportionen einfrieren.

Möhrenpüree ▶

5. + 6. MONAT

Gemüse-Kartoffel-Brei

Sobald das Baby sein Gemüsepüree gerne isst, gibt man als weitere gesunde Zutat Kartoffeln mit hinzu. Dadurch wird der Brei sättigender.

Grundrezept		30 Min.
1 Port.		10 Port.
100 g	**Gemüse**	1 kg
50 g	**Kartoffeln**	500 g
1 EL	**Rapsöl**	10 EL

Variationen

Gut verträgliches Gemüse

Kohlrabi, Kürbis, Möhre, Pastinake, Steckrübe, Zucchini

- Das Gemüse waschen, putzen, schälen und in kleine Stücke schneiden. Die Kartoffeln schälen und ebenfalls klein schneiden.

- Die Gemüse- und Kartoffelstückchen zusammen in einen Topf geben. In wenig Wasser in etwa 20 Min. weich dünsten. Den Deckel dabei auf den Topf setzen, dann garen Gemüse und Kartoffeln nährstoffschonend im Wasserdampf.

- Den Topf von der Herdplatte nehmen. Die Gemüse-Kartoffel-Mischung zusammen mit etwas Kochwasser fein pürieren. Das Rapsöl zufügen und unterrühren. Den Brei frisch gekocht servieren oder als Einzelportionen für den Vorrat einfrieren.

Tipp

Je nach Kartoffelsorte wird dieser Brei beim Pürieren mit dem Pürierstab etwas zäh. Wenn dem Baby das Püree zu fest ist, kann man das Gemüse und die Kartoffeln auch gut mit dem Kartoffelstampfer zerdrücken. Kleinere Mengen lassen sich einfach mit der Gabel zermusen.

Zucchini-Kartoffel-Brei ▶

Erstes Obstpüree

Heimische Äpfel oder Birnen sind als erstes Obst ideal. Dieses Obstpüree eignet sich auch prima als kleiner Snack am Vor- oder Nachmittag.

Grundrezept	25 Min.
1 Port.	10 Port.
100 g **Obst**	1 kg

Variationen

Milde Obstsorten
Apfel oder Birne

- Das Obst schälen, entkernen und in kleine Stücke schneiden. Die Obststücke mit etwas Wasser in einen Topf geben. Bei geschlossenem Deckel in etwa 15 bis 20 Min. weich dünsten.

- Den Topf von der Herdplatte nehmen. Das Obst fein pürieren. Das Püree frisch gekocht servieren oder für den Vorrat als Einzelportionen einfrieren. Im Kühlschrank hält sich das Fruchtmus bis zu zwei Tage.

Tipp

Ideal, wenn es schnell gehen muss: Etwas Avocado- oder Bananenpüree eignet sich ebenfalls prima als Zwischenmahlzeit am Vor- oder Nachmittag. Dafür das Fruchtfleisch einfach mit der Gabel fein zermusen. Das Erhitzen entfällt, da beide Sorten auch ungekocht sehr mild sind und auch schon von den Kleinsten prima vertragen werden.

Birnenpüree ▶

5. + 6. MONAT

1

Obst-Getreide-Brei

Mit etwa einem halben Jahr kann dieser Brei die Milchmahlzeit am Nachmittag ersetzen. Durch das darin enthaltene Getreide spendet er Energie und sättigt bis zum Abendessen.

Grundrezept   5 Min.

1 Port.

90 ml	**Wasser**
20 g	**Getreideflocken**
100 g	**Obstmus**
1 TL	**Rapsöl**

Variationen

Milde Obstsorten
Apfel, Banane oder Birne

Zartes Getreide
Dinkel, Hafer, Hirse, Reis oder Weizen

- Das Wasser zusammen mit den Getreideflocken in einen Topf geben und unter Rühren einmal aufkochen lassen. Instant-Flocken brauchen nicht aufgekocht zu werden. Man kann sie direkt in das heiße Wasser einrühren.

- Den Topf von der Herdplatte nehmen. Das Obstmus und das Rapsöl unterrühren und den fertigen Brei servieren.

Apfel-Reis-Brei ▶

6. – 9. Monat – jetzt wird's bunter

Hat sich das Baby an die Konsistenz von festem Essen gewöhnt und isst seinen Brei gerne, können Sie Schritt für Schritt neue Lebensmittel einführen: Die Palette an verträglichem Gemüse und Obst wird größer, mittags gibt es vegetarischen Brei oder Brei mit Fleisch oder Fisch. Jetzt kommen auch viele Babys auf den Geschmack von Nudeln, Reis & Co. Und am Abend steht der Getreide-Milch-Brei auf dem Speiseplan. Da Ihr Baby mittlerweile schon einige Lebensmittel verträgt, können die Breiportionen langsam auch komplette Milchmahlzeiten ersetzen. Ausgewogene Pürees versorgen Ihr Baby mit allem, was es braucht. Damit es Ihrem Baby gut schmeckt und der Brei ihm bekommt, können alle Grundrezepte wie gewohnt nach Ihren Wünschen variiert werden. Als zusätzliche Hilfe finden Sie zu jedem Rezept Babys Top-3, die Variationen, die beim Kochen und Ausprobieren in der Versuchsküche besonders gut angekommen sind.

Fenchel

Einkauf, Lagerung, Verarbeitung. Als Tee ist Fenchel sehr beliebt, doch die weiß-grüne Knolle ist auch ein prima Gemüse für die Kleinen. Da der Wurzelansatz sehr hart und holzig ist, schneidet man ihn am besten heraus. Die äußeren Blätter sind bei größeren Exemplaren ebenfalls oft etwas holzig. Bei sehr kleinen, zarten Knollen kann man die äußere Hülle mitverwenden. Das Fenchelgrün kann man ebenfalls essen. Es besitzt jedoch ein sehr starkes Fenchelaroma, das vielen Babys nicht so gut schmeckt. Fenchel bleibt im Gemüsefach des Kühlschranks bis zu einer Woche knackig und frisch. Da Fenchel ebenso wie Spinat Nitrat enthält, sollte man ihn für Babys und Kleinkinder nicht ein zweites Mal erwärmen. Zwar geht durch das Kochen ein Großteil des Nitrats ins Wasser über, aber vor allem wenn Fenchel lange warm gehalten wird oder Reste nicht sofort gekühlt werden, wird ungiftiges Nitrat in giftiges Nitrit umgewandelt.

Inhaltsstoffe und Gesundheit. Fenchel ist eine der wenigen Gemüsesorten, in denen reichlich Folsäure steckt. Folsäure ist wichtig für die Blutbildung und gehört zu den Mangelvitaminen, weil es nur in wenigen Lebensmitteln vorkommt. Gut für Milchmuffel: Auch Fenchel trägt zur Kalziumversorgung bei. Fenchel enthält die ätherischen Öle Fenchon und Anethol, die Bauchweh und Blähungen lindern. Was viele nicht wissen: Fenchel hilft auch gegen Erkältungen und Husten, denn die ätherischen Öle wirken schleimlösend. Hebammen empfehlen ein Stück gekühlten Fenchel als Alternative zum Beißring bei Zahnungsbeschwerden.

Verträglichkeit. Gekochter Fenchel ist leicht verdaulich und mild zu Babys Bäuchlein. Ab etwa einem Jahr ist er auch als Rohkost prima geeignet – fein gerieben als Salat für Kauanfänger oder in Spalten geschnitten, wenn bereits einige Zähnchen da sind.

Brokkoli

Einkauf, Lagerung, Verarbeitung. Brokkoli ist eine der Gemüsearten, die man auch gut tiefgekühlt kaufen kann. Gerade für die Baby-Küche ist das praktisch, da man die Röschen einzeln entnehmen kann. Ein weiteres Plus: TK-Brokkoli wird vor dem Frosten blanchiert. Dadurch ist er schon nach wenigen Minuten gar und behält seine knackig-grüne Farbe. Außerdem schmeckt und riecht er durch das Blanchieren deutlich weniger nach Kohl – heikle Esser wissen das zu schätzen. Heimischen Brokkoli bekommt man auf Wochenmärkten ab Juni bis in den Herbst hinein, Importware das ganze Jahr über. Damit frischer Brokkoli nicht zu viele Vitamine verliert, lagert man ihn im Gemüsefach des Kühlschranks. Dort hält er sich in einem Kunststoffbeutel verpackt bis zu einer Woche.

Inhaltsstoffe und Gesundheit. Es gibt kaum einen Nährstoff, der nicht in Brokkoli enthalten ist. Sein gesunder Vitalstoff-Mix macht ihn deshalb so wertvoll für die Babyernährung. Besonders reich ist er an den Vitaminen C, A und K und dem Mineralstoff Kalzium. Gut für Babys Gesundheit sind auch die enthaltenen Ballaststoffe und sekundären Pflanzenstoffe, die die Darmfunktion und die natürliche Immunabwehr stärken. In puncto Vitalstoffe kann man bedenkenlos zu TK-Brokkoli greifen. Da dieser direkt nach der Ernte schockgefrostet wird, gehen licht- und wärmeempfindliche Vitamine kaum verloren. Wenige Tage bei Zimmertemperatur gelagerter Brokkoli enthält dagegen z. B. nur noch ein Viertel so viel Vitamin C wie gefrorener.

Verträglichkeit. Die zarten Röschen werden von den meisten Babys und Kleinkindern sehr gut vertragen. Den Strunk besser nicht für die Baby-Küche verwenden. Denn er ist faseriger und enthält unlösliche Ballaststoffe, die empfindlichen Mägen zu schaffen machen. Im Allgemeinen ist Brokkoli besser bekömmlich als Blumenkohl.

Spinat

Einkauf, Lagerung, Verarbeitung. Frischen, heimischen Spinat gibt es von April bis Juni. Er sollte nach spätestens zwei Tagen im Kühlschrank verbraucht werden, da die Blätter sonst schlappmachen und die Vitamine verloren gehen. Eine gute Alternative ist tiefgekühlter Spinat, der direkt nach der Ernte eingefroren wird. Er wird in ganzen Blättern als Blattspinat und bereits fein gehackt angeboten. Spinat enthält natürlicherweise Nitrat, das an sich ungiftig ist. Vor allem wenn gegarter Spinat aber langsam bei Zimmertemperatur abkühlt oder längere Zeit stehen gelassen wird, bilden Bakterien daraus giftiges Nitrit. Nitrit hemmt den Sauerstofftransport im Blut. Für Säuglinge kann das lebensgefährlich werden, aber auch Kleinkinder sollten nicht zu viel Nitrat aufnehmen. Deshalb Spinatspeisen für Babys und Kleinkinder nicht ein zweites Mal erwärmen. Das Gute: Spinat für Beikost-Gläschen unterliegt einer besonders strengen Vorschrift. Das Gemüse wird auf schonende Weise angebaut und enthält deshalb nur sehr geringe Mengen Nitrat (200 mg/kg). Tiefgekühlte Ware darf dagegen 2 000 mg/kg enthalten, frischer Spinat in den Wintermonaten bis zu 3 000 mg/kg, in den Sommermonaten 2 500 mg/kg. Wer frischen Spinat zubereitet, sollte die dicken Stiele und Blattrippen entfernen, das reduziert den Nitratgehalt deutlich.

Inhaltsstoffe und Gesundheit. Die grünen Blätter haben es in sich: Sie stecken voller Vitamin A, Vitamin K, Folsäure, Vitamin C und Vitamin B_2. Dass Spinat viel Eisen enthält, ist ein Märchen, das auf einem Rechenfehler beruht. Tatsächlich enthält er nur eine geringe Menge Eisen, das zudem für den Körper schlecht verfügbar ist. Die Ursache hierfür ist die im Spinat enthaltene Oxalsäure, die das Eisen, und auch das enthaltene Magnesium an sich bindet.

Verträglichkeit. Spinat ist sehr magenfreundlich und wird von Babys prima vertragen. Solange die Kleinen noch nicht richtig kauen können, sollte man ihnen zerkleinerten oder pürierten Spinat anbieten, sonst schlucken sie die Blätter im Ganzen herunter und diese werden dann nicht richtig verdaut.

Artischocke

Einkauf, Lagerung, Verarbeitung. In Frankreich und anderen mediterranen Ländern hat die Artischocke eine lange Tradition in der Baby-Ernährung. Sie ist dort sogar im herkömmlichen Gläschen-Sortiment zu finden. Hierzulande muss man sich für erste Kostproben bis zur Artischocken-Saison zwischen März und Mai gedulden. Im gut sortierten Handel gibt es Importware inzwischen ganzjährig, die Artischocken sind dann jedoch meist sehr teuer. In einem Plastikbeutel hält sich das Distel-Gemüse einige Tage im Gemüsefach des Kühlschranks. Für die Babyernährung eignet sich der Artischockenboden, der durchs Garen butterweich wird. Er lässt sich nach dem Kochen gut pürieren oder mit den Fingern in kleine Stücke brechen. Um den schmackhaften Boden freizulegen, schneidet man zunächst den Stiel und die Artischockenblätter ab. Auf dem Boden sitzt noch das sogenannte »Heu«, das man einfach mit dem Löffel herauskratzen kann. Jetzt kann man den Boden im Ganzen oder in Stücke zerteilt in heißem Wasser kochen. Die Garzeit beträgt für Stückchen etwa 5 Min., für den ganzen Boden 10 bis 12 Min. Die Zubereitung der ganzen Artischocke ist ebenfalls einfach, aber die Garzeit ist dann wesentlich länger: Den Stiel abdrehen oder abschneiden. Dann die Artischocke in kochendem Salzwasser je nach Größe eine halbe bis Dreiviertelstunde garen. Abtropfen lassen und die Blätter rundherum abzupfen. Mit einem Löffel das »Stroh« herauskratzen und der Boden ist freigelegt. Den weichen, inneren Teil der Blätter können sich Mama und Papa schmecken lassen und z. B. in etwas Sauce Hollandaise oder eine Vinaigrette dippen.

Inhaltstoffe und Gesundheit. Die Distelart wirkt sich gleich doppelt positiv auf die Verdauung aus. Denn Artischocken enthaltenen viel Inulin, das die Verdauung reguliert und daneben auch für eine gesunde Darmflora sorgt. Außerdem enthalten sie Vitamin B$_1$, Kalium und Magnesium und sie sind besonders reich an Kupfer. Kupfer ist am Eisenstoffwechsel beteiligt und fördert daher die Blutbildung.

Verträglichkeit. Auch wenn nicht jedes Baby auf Anhieb das intensive Aroma akzeptiert: Artischocken sind sehr bekömmlich und leicht verdaulich. Noch ein Grund, warum französische Mamas gerne Artischocken füttern: Sie wirken einem trägen Darm entgegen.

Süßkartoffel

Einkauf, Lagerung und Verarbeitung. Auch wenn man Süßkartoffeln prima im Ofen backen oder in der Pfanne braten kann – für die Baby-Küche sollten sie am besten in reichlich Wasser gekocht werden. Der Grund: Garen in Wasser entzieht den Knollen etwa die Hälfte ihres Oxalsäuregehalts. Da Oxalsäure wertvolle Mineralstoffe aus der Nahrung bindet, ist es wichtig, dass Babys nicht zu viel davon aufnehmen. Süßkartoffeln finden sich mittlerweile ganzjährig in vielen größeren Supermärkten und auch auf Wochenmärkten. Die aus den Tropen stammende

Knolle mag Temperaturen zwischen 13 und 15 Grad. Eine kühle Ecke in der Küche ist ideal, um sie zu lagern. Kühlschranktemperaturen vertragen Süßkartoffeln nicht.

Inhaltsstoffe und Gesundheit. Die Süßkartoffel ist ebenso wie Möhre und Kürbis reich an Carotinoiden. Vitamin C ist ebenfalls viel enthalten. Durch die Kombination von Carotinoiden und Vitamin C wirkt die Süßkartoffel besonders effektiv gegen freie Radikale, die durch Umweltgifte und UV-Strahlung entstehen, und schützt den Körper daher vor Zellschäden. Die enthaltenen Carotinoide werden darüber hinaus im Körper in Vitamin A umgewandelt und wirken sich positiv auf Babys Sehfähigkeit aus. Süßkartoffeln enthalten viel Oxalsäure, die Kalzium, Eisen und Magnesium aus der Nahrung für den Körper schlechter verfügbar macht. 100 g Süßkartoffeln binden etwa die Kalziummenge aus 200 ml Milch! Bei ausgewogener Ernährung ist das kein Problem. Wenn bei Ess-Anfängern jedoch erst mal nur wenige Lebensmittel auf dem Speiseplan stehen, muss man etwas aufpassen. Man sollte die Wurzelknolle deshalb nicht mehr als ein- bis 2-mal die Woche füttern. Das gilt besonders für vegetarisch ernährte Babys, bei denen Eisen sowieso schon knapp ist. Auch Kleinkinder und Babys, die keine Milchprodukte mögen, sollten nicht zu oft Süßkartoffeln essen, da die Knolle die Kalziumaufnahme aus pflanzlichen Lebensmitteln erheblich verringert.

Verträglichkeit. Süßkartoffeln sind sehr bekömmlich. Die enthaltenen Ballaststoffe halten lange satt, ohne den Magen zu belasten, und regulieren auch die Verdauung. In Amerika sind Süßkartoffeln traditionell beliebt für die Baby-Küche.

Blaubeeren

Einkauf, Lagerung, Verarbeitung. Den mild-süßen, wenig säuerlichen Geschmack mögen viele Babys. Blaubeeren kann man im Gegensatz zu vielen anderen Beeren gut auf Vorrat kaufen. Im Kühlschrank gelagert, bleiben sie bis zu einer Woche frisch. Übrigens: Egal ab Blaubeere oder Heidelbeere – es handelt sich immer um dieselbe Frucht. Selbst gesammelte Beeren sollten Babys und Kleinkinder besser nicht bekommen, da wild wachsende Arten vom Fuchsbandwurm befallen sein könnten.

Inhaltsstoffe und Gesundheit. Blaubeeren versorgen den Körper mit vielen wichtigen Nährstoffen. Besonders reichlich enthalten sind Kalium, Vitamin E, C und A sowie Ballaststoffe. Die Beeren tragen auch zur Eisenversorgung bei. Die Farbe stammt von Anthocyanen, die vor allem in der Schale sitzen. Anthocyane wirken antientzündlich und schützen gegen Umweltgifte, indem sie freie Radikale unschädlich machen.

Verträglichkeit. Im Gegensatz zu anderen Beerenarten bereiten Blaubeeren Säuglingen und Kleinkindern fast nie Probleme und reizen auch Babys Popo nicht. Sie wirken regulierend auf den Darm und sind sogar ein altes Hausmittel bei Magenprob-

lemen. Sowohl bei einer zu schnellen als auch einer zu langsamen Verdauung können Blaubeeren Linderung verschaffen.

Erdbeeren

Einkauf, Lagerung, Verarbeitung. Bei Erdbeeren lohnt es sich, heimische Ware zu kaufen. Denn Importware wird häufig mit schimmelverhütenden Mitteln behandelt, damit sie den langen Transport heil übersteht. Außerdem sind Erdbeeren aus der Region meist weniger belastet mit Pestiziden. Weil der lange Transport entfällt, können heimische Beeren außerdem reifer geerntet werden. Da reife Früchte mehr Vitamine und Mineralstoffe enthalten, kommt das auch dem Vitalstoff-Konto der Kleinen zugute. Erdbeeren halten sich im Kühlschrank ein bis zwei Tage. Am besten verarbeitet man sie gleich am Tag des Einkaufs, da sie auch bei optimaler Lagerung schnell Druckstellen bekommen. Hat sich Schimmel gebildet, wirft man die komplette Frucht weg. Es reicht nicht die betroffenen Stellen herauszuschneiden, denn durch ihren hohen Wassergehalt verteilen sich Schimmelsporen schnell in der ganzen Beere. Dank neuer Züchtungen bringen auch in Balkonkästen oder Kübeln gezogene Erdbeeren gute Erträge – und selbst Obst-Muffel probieren bestimmt gerne, wenn sie den Früchten beim Wachsen zuschauen können.

Inhaltsstoffe und Gesundheit. Erdbeeren sind gesund fürs Baby, weil sie viel Folsäure enthalten. Das Vitamin ist wichtig für die Blutbildung und den gesamten

69

Zellstoffwechsel. In der Frucht steckt auch viel Vitamin C – mehr als in Zitronen. Außerdem enthalten: Biotin für eine stabile Barrierefunktion der Haut und Zink für eine starke Immunabwehr.

Verträglichkeit. Einige Babys reagieren auf Erdbeeren mit einem Hautausschlag, oftmals am Po, aber auch an anderen Körperstellen oder im Gesicht. Forscher vermuten, dass der Körper nach dem Verzehr von Erdbeeren vermehrt Histamine ausschüttet – ähnlich wie bei einer Allergie. Im Gegensatz zu einer echten Allergie werden dabei jedoch keine Antikörper gebildet, weshalb ein Allergietest negativ ausfällt. Anfangs sollte man den Kleinen daher erst einmal nur Probier-Häppchen anbieten, ein bis zwei Erdbeeren, auch wegen ihres recht hohen Fruchtsäuregehalts. Wird diese Menge vertragen, kann man langsam die Menge steigern. Erdbeeren in gekochter Form oder untergerührt in Joghurt oder Grießbrei sind bekömmlicher.

Melone

Einkauf, Lagerung, Verarbeitung. Im Sommer gibt es eine Vielzahl von Melonen, die sich für die Babyküche eignen. Während sich die Wassermelone gut roh knabbern lässt, schmecken Zuckermelonen wie Galia, Charentais, Cantaloup oder Netzmelone auch in gekochter Form wunderbar und passen prima zu Geflügel- oder Reisgerichten. Ein weiteres Plus: Sie sind super für die schnelle Küche, da sie wegen ihres weichen Fruchtfleischs schon nach zwei, drei Minuten gar sind. Ideal für

Babys sind Wassermelonen-Sorten ohne Kerne, da sie sich an ihnen verschlucken könnten. Sonst die Kerne immer gründlich entfernen. Angeschnittene Melonen halten sich an der Schnittstelle mit Frischhaltefolie bedeckt noch zwei Tage im Kühlschrank.

Inhaltsstoffe und Gesundheit. Melonen sind nicht nur botanisch gesehen eigentlich ein Gemüse. Sie sind auch in der warmen Küche ein prima Ersatz für Möhre & Co., da sie einen gesunden Cocktail aus Nährstoffen liefern: reichlich Kalium, das den Wasserhaushalt reguliert, Vitamin C, Vitamin A und die Vitamine B_1 und B_2 für einen gut funktionierenden Stoffwechsel. Melonen bestehen zu etwa 90 Prozent aus Wasser – ein ideales Obst also, wenn es sehr heiß ist und die Kleinen Extra-Flüssigkeit brauchen.

Verträglichkeit. Gekocht werden Melonen in der Regel gut vertragen. Einige Mütter berichten, dass vor allem rohe Melonen Babys Po reizen, deshalb erst mal mit einem Probierstückchen beginnen und die Menge nach und nach steigern. Melonen wirken anregend auf den Magen-Darm-Trakt und fördern die Verdauung bei Verstopfung.

Pfirsich und Nektarine

Einkauf, Lagerung, Verarbeitung. Wegen ihrer Eigensüße lieben viele Babys Pfirsich- oder Nektarinenpüree. Anfangs sollte man gekochtes Fruchtmus anbieten. Das Mus durch ein Sieb drücken, so wird gleichzeitig die schlechter verdauliche Haut entfernt. Wird das gekochte Püree gut vertragen, kann man die vollreifen Früchte auch roh zu Mus zerdrücken und später auch die Schale der Früchte mitverwenden. Rohe, in Spalten geschnittene Früchte kann man gegen Ende des ersten Lebensjahres anbieten. Pfirsiche und Nektarinen haben von Juni bis September Saison. Weil die Früchte sehr druckempfindlich sind, werden sie oftmals nicht vollreif angeboten. Harte Exemplare kann man zu Hause in Zeitungspapier wickeln und ein paar Tage nachreifen lassen, bis sie ihr volles Aroma entwickeln.

Inhaltsstoffe und Gesundheit. In beiden Sorten steckt viel Kalium, das alle Muskelfunktionen steuert, und ihr hoher Fruchtzuckergehalt sorgt für Extra-Power. An heißen Tagen leisten die wasserreichen Früchte einen wichtigen Beitrag zur Flüssigkeitszufuhr. Vitamin A hält Augen, Haut und Schleimhäute gesund, Vitamin C hilft Krankheiten abzuwehren.

Verträglichkeit. Einige Babys reagieren vor allem auf rohe Pfirsiche und Nektarinen mit einem wunden Po. Grund hierfür sind die enthaltenen Fruchtsäuren, deren Menge ähnlich hoch ist wie die von Äpfeln. Gekochte Früchte sind seltener ein Problem. Auf die Verdauung wirken Pfirsiche und Nektarinen förderlich.

Pflaume

Einkauf, Lagerung, Verarbeitung. Heimische Pflaumen haben von Juli bis Oktober Saison. Zur Pflaumenfamilie gehören auch Mirabellen und Renekloden. Sie haben ein milderes Aroma, sind etwas süßer und schmecken Babys daher oft besser. Zwetschgen sind länglicher als Pflaumen, ihre Schale ist meist blauviolett. Da sich ihr Stein sehr leicht löst, werden sie häufig als Backpflaumen verkauft, sie eignen sich aber ebenso gut wie Pflaumen für die Baby-Küche. Die reifen Früchte verderben schnell. Im Kühlschrank halten sie sich noch bis zu zwei Tage. Da die Schale der Pflaume schwer verdaulich ist, sollte man sie für Ess-Anfänger entfernen. Am besten passiert man das Püree nach dem Kochen durch ein Sieb, an dem die Schale dann hängen bleibt. Hat sich das Baby gegen Ende des ersten Lebensjahres an die Beikost gewöhnt, kann man die Schale dranlassen und die Früchte auch roh anbieten. Dann den Kern immer entfernen, damit sich die Kleinen nicht daran verschlucken. Getrocknete Pflaumen kann man klein geschnittenen auch mit in den Getreidebrei geben. Da Trockenpflaumen stark aufquellen und viel Flüssigkeit ziehen, dem Brei dann eine Extra-Portion Wasser oder Milch zufügen.

Inhaltsstoffe und Gesundheit. Alle Pflaumenarten sind gesund, enthalten viele Vitamine und stärken die Abwehrkräfte. In den Früchten stecken fast alle Vitamine der B-Gruppe: gut für einen intakten Stoffwechsel und alle Nervenfunktionen. Ein weiterer wertvoller Inhaltsstoff ist das Lutein, das wie ein Sonnenschutz für die empfindlichen Baby-Augen wirkt und außerdem wichtig ist, um kontrastreich sehen zu können.

Verträglichkeit. Frische Pflaumen oder daraus gekochtes Mus wirken anregend auf die Verdauung. Auch in getrockneter Form bringen sie den Darm auf Trab und sind ein altbewährtes Mittel bei Verstopfung. Wichtig: Babys und Kleinkinder reagieren schon auf geringe Mengen. Eine halbe getrocknete Frucht reicht für den Anfang. Pflaumen enthalten ähnlich viel Fruchtsäure wie Himbeeren, die vor allem im rohen Zustand den Verdauungstrakt reizen kann. Von gekochtem Mus oder getrockneten Früchten berichten Mütter dagegen seltener, dass ihre Babys darauf mit wundem Po reagiert hätten.

Fleisch und Geflügel

Einkauf, Lagerung, Verarbeitung. Viele Eltern sind verunsichert, welches und vor allem wie viel Fleisch ihrem Baby guttut. Grundsätzlich geeignet sind erst einmal alle Fleischsorten. Wer auf Bio-Qualität achtet, kann sichergehen, dass das Fleisch frei von Schadstoffen und Antibiotika ist. Zwar ist Fleisch aus biologisch-artgerechter Haltung teurer, aber die Mengen, die das Baby isst, sind auch noch sehr klein. Für den Anfang eignet sich auch püriertes Fleisch aus dem Gläschen sehr gut, das ebenfalls Bio-Qualität hat und nur noch unter den Gemüse-Kartoffel-Brei gemischt werden muss. Wenn das Baby mit stückiger Kost anfängt, ist mageres, gut kaubares Fleisch die beste Wahl. Sehr zart sind z.B. Filet-, Braten- und Gulaschstücke von Schwein und Rind sowie die Brust vom Geflügel. Schnitzelfleisch wird je nach Zubereitung oft etwas trocken und faserig,

WISSEN

Hackfleisch

Streng hygienisch verpackt wird Hackfleisch unter Schutz-Atmosphäre. Das Fleisch wird maschinell abgefüllt und in Plastikschälchen abgepackt. Die Gefahr der Verunreinigung durch den Menschen ist dabei sehr gering. Solch ein Hackfleisch ist mehrere Tage haltbar und schneidet in mikrobiologischen Tests fast immer besser ab als frisch durch den Wolf gedrehtes Hack vom Metzger. Wer Gehacktes beim Metzger kauft, sollte dies unbedingt noch am selben Tag verbrauchen, damit sich keine Keime vermehren können.

und ist daher in Stücke geschnitten für einige Babys und Kleinkindern schwer zu essen. Zum Pürieren eignet sich Schnitzelfleisch aber gut. Hühnerkeulen, die im Ofen gegart werden, oder Schmorfleisch bleiben sehr zart und saftig und schmecken Babys häufig besonders gut. Wer für die gesamte Familie z.B. Gulasch oder Braten schmort, nimmt davon einfach eine kleine Menge Fleisch ab und rührt es unter den Babybrei. Lange Geschmortes ist häufig so zart, dass es geradezu auseinanderfällt und nicht mal mehr püriert werden muss. Auch Hackfleisch bleibt nach dem Garen schön weich und kann sogar ohne Zähnchen gut zerkaut werden.

Wichtig: Egal welches Fleisch man wählt, es sollte grundsätzlich immer gut durchgegart werden! Ist ein Steak nur medium durchgegart, also innen rosa, kann es im Kern noch roh sein – und es könnten sich darin noch krankmachende Keime befinden. Nur Durchgaren kann diese Keime sicher abtöten. Für die Zubereitung eignen sich Dünsten in Wasser genauso gut wie Garen im Ofen. Gegen Ende des ersten Lebensjahres dürfen Fleischstücke auch sanft angebraten werden, jedoch nicht zu stark, da sonst Röststoffe entstehen, die Babys und Kleinkinder nicht vertragen. Dasselbe gilt für Gegrilltes.

Inhaltsstoffe und Gesundheit. Fleisch ist ein Top-Eisenlieferant. Es enthält viel leicht verwertbares Eisen, das der Körper 4- bis 5-mal besser aufnehmen kann als Eisen aus pflanzlichen Lebensmitteln. Dunkle Sorten wie Rind oder Lamm liefern etwa doppelt so viel Eisen wie Huhn oder Pute. Darüber hinaus steckt in Fleisch hochwertiges, leicht verdauliches Eiweiß, das für den Aufbau von Muskeln, Hormonen und Zellen benötigt wird. Schwein, Geflügel und vor allem Rindfleisch sind auch ein guter Zink-Spender. Zink reguliert als Bestandteil vieler Enzyme den Stoffwechsel. Ein Mangel äußert sich in verzögertem Wachstum, schlechter Wundheilung und erhöhter Infektanfälligkeit. Zur Deckung des Eisenbedarfs empfiehlt das Forschungsinstitut für Kinderernährung 5 bis 7 Portionen Fleisch die Woche, jeweils etwa 20 bis 30 g. Vielen Eltern erscheint es zu häufig, dem Baby fast täglich Fleisch zu füttern. Diese Empfehlung beruht darauf, dass kleine, aber dafür häufiger gegebene Fleisch-Mengen die Eisenzufuhr beim Säug-ling besser absichern, als wenn dieselbe Fleischmenge an ein oder zwei Tagen gegessen wird. Bei Kleinkindern ab einem Jahr kann man dazu übergehen, Fleisch nur noch 3-mal pro Woche anzubieten. Da ein an Vitamin C reicher Saft die Eisenverwertung verbessert, immer etwas davon mit in den Brei oder das Gericht geben.

Verträglichkeit. Mageres Fleisch ist leicht verdaulich und wird schon von kleinen Säuglingen ab dem 6. Monat prima vertragen.

Fisch

Einkauf, Lagerung, Verarbeitung. In mediterranen Ländern und in Skandinavien gehören Lachs & Co. ganz selbstverständlich ins Baby-Menü. Und das ist auch gut so, denn genauso wie für Erwachsene ist Fisch auch für Babys eine gesunde Bereicherung für den Speiseplan. Viele Fischsorten kommen fürs Baby in Frage: Lachs, Kabeljau, Seelachs, Hering, Rotbarsch oder Makrele sind sehr gut geeignet. Immer häufiger wird neuerdings Pangasius-Filet angeboten, das grundsätzlich ebenfalls geeignet ist. Allerdings stammt Pangasius fast ausschließlich aus vietnamesischen Zuchtanlagen, in deren kleinen Becken sich häufig viel zu viele Fische drängeln und deshalb oft mit Antibiotika behandelt werden müssen. Wer tiefgekühlten Fisch kauft, sollte unbedingt auf die Zutatenliste schauen, denn teilweise werden Di- oder Polyphosphate zugesetzt. Weil sie Wasser binden, wird das Filet dadurch saftiger, aber man

73

kauft auch Wasser mit. Der Zusatz ist zwar nicht gesundheitsschädlich, trotzdem sollte man gerade bei Säuglingen und Kleinkindern jegliche Zusätze vermeiden. Für Säuglinge und Kleinkinder bis zu zwei Jahren nicht geeignet sind: Thunfisch, Seeteufel, Steinbeißer, Schwertfisch, Heilbutt, Aal und Hecht. Diese Fische neigen dazu, Schmermetalle anzureichern. Keine Angst, es ist es kein Problem, wenn das Baby mal ein kleines Stück davon kostet, es sollte nur nicht zu häufig vorkommen. Ebenfalls noch bis zum zweiten Lebensjahr warten sollte man mit geräuchertem Fisch wie Räucherlachs. Dieser wird nur bei niedrigen Temperaturen geräuchert, sodass krankmachende Keime darin überleben könnten. Ganz sicher geht man mit Fischsorten, die beim Räuchern höheren Temperaturen ausgesetzt werden, häufig Makrele oder Forelle. Wichtig: Fisch für Babys und Kleinkinder muss grätenfrei sein. Durch Abtasten mit der Hand lassen sich auch kleine Gräten »erfühlen«, die man mit bloßem Auge nicht erkennt.

Inhaltsstoffe und Gesundheit. Babys und Kleinkinder sollten ein- bis 2-mal pro Woche Fisch essen. Denn Fisch ist die wichtigste Quelle für Jod, hochwertige Fettsäuren und Vitamin D. Seefisch wie Schellfisch, Kabeljau, Seelachs und Makrele sind besonders reich an Jod. Süßwasserfische wie Forelle und Pangasius enthalten dagegen kaum Jod. Vitamin D reguliert den Einbau von Kalzium in die Knochen und sorgt daher für eine stabile und feste Knochensubstanz. Reichlich davon steckt in Lachs und Hering. Die vor allem in Lachs, Makrele und Hering

enthaltenen Omega-3-Fette fördern die Gehirnentwicklung und die Immunabwehr.

Verträglichkeit. Fischeiweiß ist leicht verdaulich, belastet den kleinen Körper nicht und hält trotzdem lange satt. Außerdem ist das Filet sehr weich und lässt sich daher selbst ohne ein einziges Zähnchen prima essen. Dass Fisch Allergien auslöst, ist ein Märchen, das sich hierzulande hartnäckig hält. Man muss nur zu unseren nördlichen und südlichen Nachbarn schauen, bei denen Fisch ganz selbstverständlich ins Baby-Menü gehört und Allergien trotzdem nicht häufiger vorkommen.

Milch

Einkauf, Lagerung, Verarbeitung. Neben H-Milch und Frischmilch ist in Supermärkten immer häufiger sogenannte »länger frische« Milch (»ESL«-Milch) zu finden. Sie hält sich bis zu drei Wochen und hat trotzdem den Geschmack von Frischmilch. Länger frische Milch wird etwas höher erhitzt als Frischmilch, jedoch nicht so stark wie H-Milch, die bereits den typischen Koch-Geschmack aufweist. Für die Baby-Küche sind alle drei Sorten gut geeignet. Entscheidender ist der Fett-Gehalt. Das Forschungsinstitut für Kinderernährung empfiehlt Milch mit 3,5 Prozent Fett, keine fettarme Milch. Babys im Wachstum können die Extra-Portion Kalorien nämlich gut gebrauchen. Ab dem ersten Geburtstag, wenn das Baby an die insgesamt fetthaltigere Familienkost gewöhnt wird, darf es auch die fettarme Variante sein. Geöffnete Milchpackungen halten sich gekühlt noch etwa drei bis vier Tage. Durch Rohmilch können von der Kuh Campylobacter- oder EHEC-Keime auf den Menschen übertragen werden. Besonders gefährlich ist dies für Babys oder Kleinkinder, da die Keime schwerste Durchfälle bis hin zu Nierenschäden auslösen können. Rohmilch sollte daher grundsätzlich abgekocht werden.

Inhaltsstoffe und Gesundheit. Bio-Milch weist eine gesündere Fettzusammensetzung auf als konventionelle Milch. Die Bio-Sorten enthalten besonders viel der lebensnotwendigen Alpha-Linolensäure, die nur gebildet wird, wenn Kühe Gras und Heu anstatt Kraftfutter fressen. Zwar sind die Gehalte z. B. im Vergleich zu Rapsöl deutlich geringer, aber es kommt auch auf eine regelmäßige, über den Tag verteilte Zufuhr an. Kaum ein Lebensmittel enthält mehr Kalzium als Milch. Deshalb lässt sich der Bedarf ohne Milch kaum decken. Der Mineralstoff ist für Babys und Kleinkinder besonders wichtig, denn er sorgt für stabile Knochen und gesunde Zähne. Zwar enthalten auch pflanzliche Lebensmittel Kalzium, aber daraus kann der Körper den Mineralstoff schlecht verwerten. Milch ist auch eines der wenigen Lebensmittel, die von Natur aus Jod liefern. Nur mit Jod kann die Schilddrüse optimal arbeiten und lebenswichtige Hormone produzieren. Milch enthält außerdem die fettlöslichen Vitamine A und D sowie die Vitamine B_2 und B_{12}. Auch wenn immer wieder das Gegenteil behauptet wird, ist H-Milch ist ebenso wertvoll für die Ernährung wie Frischmilch. Der Mineralstoffgehalt wird durch die hohen Temperaturen überhaupt nicht beeinflusst. Der Vitamingehalt ist durch das sekundenschnelle Erhitzen nur minimal geringer. Zum Vergleich: Das Aufkochen auf der eigenen Herdplatte dauert einige Minuten und lässt deshalb deutlich mehr Vitamine schwinden. Milch enthält viel hochwertiges Eiweiß, das wichtig für den Aufbau von Muskeln und Zellen ist. Nur zu viel sollte es nicht sein, da es die kleinen Nieren belasten könnte. Die unter Einjährigen sollten ihre empfohlenen täglichen 200 ml Kuhmilch nur im Brei bekommen. Ab dem ersten Geburtstag sind 300 ml am Tag optimal, d. h., es darf zusätzlich etwas Milch im Trinkbecher sein. Da auch Käse viel Eiweiß liefert, sollte die Milchmenge reduziert werden, wenn das Kleinkind gerne Gouda & Co. isst. 100 ml Milch entsprechen im Eiweißgehalt etwa einer Scheibe Käse oder einem Esslöffel Frischkäse.

Verträglichkeit. Milch hat leider in der Babyernährung einen schlechten Ruf – zu Unrecht, wie sich mittlerweile Ärzte und Ernährungswissenschaftler einig sind. Da es bei Unverträglichkeiten oder Allergien häufig schwierig ist, den wahren Auslöser zu finden, hat man oft vorschnell dazu geraten, auf Kuhmilch zu verzichten. Tatsächlich kommt eine Allergie gegen Kuhmilcheiweiß nur sehr selten vor. Rund drei bis vier Prozent aller Babys leiden darunter. Alle anderen Babys vertragen Kuhmilch prima und sollten sie auch bekommen, da sie den Speiseplan um wertvolle Nährstoffe ergänzt.

Fruchtsaft

Einkauf, Lagerung und Verarbeitung.
Fruchtsäfte verbessern durch ihren Gehalt an Vitamin C die Eisenaufnahme aus dem Babybrei. Besonders wichtig ist das für vegetarisch ernährte Babys. Orangensaft enthält natürlicherweise viel Vitamin C. In vielen anderen Sorten, z. B. Apfelsaft, steckt von Natur aus nicht ausreichend Vitamin C in der Frucht, um das Eisen optimal zu verwerten. Deshalb sollte man dann einen Saft wählen, bei dem Vitamin C zugesetzt wurde. Das Forschungsinstitut für Kinderernährung empfiehlt Fruchtsäfte, die in 100 ml mindestens 40 mg des Vitamins enthalten. Auch bei speziellen Baby-Säften unbedingt das Etikett studieren, denn oft steckt auch darin weniger Vitamin C. Wer auf Säfte mit zugesetztem Vitamin C verzichten möchte, greift zu Bio-Produkten. Die Hersteller reichern einige Säfte stattdessen mit Acerola- oder Sanddornsaft (siehe Zutatenliste) an, die von Natur aus reich an dem Vitamin sind. Multivitamin-Säfte mit Vitaminzusatz sind nicht geeignet, da die enthaltenen Mengen den Bedarf der Kleinen bei weitem übersteigen und sogar zu Überdosierungen führen können. Beim Einkauf sollte man darauf achten, dass die Säfte zu 100 Prozent aus Frucht bestehen und keinen zugesetzten Zucker enthalten.

Inhaltstoffe und Gesundheit. Durch ihren natürlichen Fruchtzuckergehalt liefern reine Obstsäfte viel Energie – pro Glas (200 ml) gut 100 kcal. Als Durstlöscher sind Säfte pur daher nicht geeignet. Eine mit Wasser gemixte Schorle ist in jedem Fall die bessere Wahl. Fruchtsaftgetränke und Fruchtnektare enthalten zwar nur 30 bzw. 50 Prozent puren Saft, kalorienärmer sind sie jedoch nicht, da stattdessen viel Zucker zugesetzt wird. Wer Apfelsaft wählt, sollte ruhig zur naturtrüben Variante greifen. Denn die liefert durch die enthaltenen Schwebstoffe doppelt so viel Polyphenole wie klarer Saft. Polyphenole wehren freie Radikale im Körper ab und schützen so vor Krankheiten. Bei Orangensaft sind Sorten mit Fruchtfleisch von Vorteil, da darin Ballaststoffe stecken, die sich positiv auf die Darmfunktion auswirken können.

Verträglichkeit. Einige Babys reagieren schon auf geringe Mengen Orangensaft mit einem wunden Po. Wenn der Saft unters Essen gemischt wird, schwächt das seine Wirkung ab und die meisten Kinder vertragen ihn problemlos. Sonst ist Apfelsaft eine gute Alternative, da dieser säureärmer ist. Noch milder ist spezieller Baby-Apfelsaft, der aus Apfelsorten gepresst wird, die nur minimale Mengen Säure enthalten.

Brot, Toast und Knäckebrot

Einkauf, Lagerung, Verarbeitung. Schon ab dem sechsten Lebensmonat darf das Baby zwischen seinen herkömmlichen Breimahlzeiten an einem Stückchen Brot herumknabbern. Gegen Ende des ersten Lebensjahres kann man dann dazu übergehen, dem Baby abends oder morgens statt des Breis eine Scheibe Brot anzubieten, entweder in kleine Stücke geschnitten oder als ganze Scheibe. Anfangs reicht es, etwas Butter aufzustreichen, ab dem elften Lebensmonat kann das Baby langsam am Familientisch mitessen und auch etwas Scheibenkäse oder -wurst darauf bekommen. Auch wenn man erst einmal das Gegenteil vermuten würde: Weißbrot können Babys keinesfalls besser kauen als Vollkornbrot. Die weiche Masse verklebt im Mund leicht zu einem Klumpen, woran sich gerade Babys mit wenigen Zähnen schnell verschlucken. Vollkornbrot krümelt im Mund eher auseinander und ist daher für Kauanfänger besser geeignet. Auch die Rinde braucht man nicht zu entfernen. Die Kinder lutschen so lange daran herum, bis sie weich ist, oder lassen die Rinde liegen. Wichtig bei der Auswahl des Brotes: es sollte unbedingt eine feinvermahlene Sorte sein, da Säuglinge ganze Getreidekörner oder enthaltene Saaten wie Leinsamen oder Sonnenblumenkerne noch nicht verdauen können. Erst im zweiten Lebensjahr dürfen es zunehmend auch gröbere Brotsorten sein. Je dunkler, desto mehr Vollkorn? Das stimmt leider nicht immer. Oft handelt es sich um eine Mischung aus dunklem und hellem Mehl. Damit das Brot trotzdem nach Vollkorn aussieht, wird mit Malz nachgefärbt. Ein Blick auf die Zutatenliste oder die Auskunft der Verkäuferin schafft Klarheit. Für den Vorrat lassen sich einzelne Brot- oder Toastscheiben prima einfrieren. Zum Auftauen die Scheibe einfach direkt aus dem Froster in den Toaster geben. Beim Toasten das Brot maximal goldbraun rösten, nicht dunkler. In zu dunkler Kruste kann sonst das giftige Acrylamid entstehen. Knäckebrot ist ein guter Keks-Ersatz für

zwischendurch, da es keinen Zucker enthält und ebenso schön knuspert. Bei Brezeln, die vielen Babys als Zwischenmahlzeit ebenfalls gut schmecken, sollte man das aufgestreute Salz entfernen.

Inhaltsstoffe und Gesundheit. Brot, Knäckebrot und Brötchen zählen zu den Grundnahrungsmitteln, da sie den Körper ideal mit Energie versorgen und gut sättigen. Außerdem liefern sie reichlich B-Vitamine und wichtige Ballaststoffe. In hellen Brötchen und Weißbrot stecken nur halb so viele Vitamine und Ballaststoffe wie in Vollkornbrot. An Mineralstoffen bleibt durch das Schälen der Randschichten sogar nur noch ein Drittel übrig. Deshalb sollten Vollkornbrot und -brötchen erste Wahl für die Babyernährung sein. Wenn Vollkorn die Basis bildet, darf es aber auch ohne schlechtes Gewissen ab und zu ein Stückchen Weißbrot sein.

Verträglichkeit. Schon mit einem halben Jahr vertragen Säuglinge problemlos kleine Mengen an feinem Vollkornbrot. Die Ballaststoffe darin belasten Babys Magen nicht, sondern regulieren die Verdauung auf natürliche Weise und wirken einem trägen Darm entgegen. Ganze Körner oder Saaten können dagegen erst richtig aufgeschlossen werden, wenn die Kleinen Zähne haben und sie richtig zerkauen können.

Nudeln

Einkauf, Lagerung, Verarbeitung. Im Breialter können Nudeln ein- bis 2-mal die Woche die Kartoffeln im Mittagbrei erset-

77

zen. Sobald dem Baby etwa ab dem neunten Lebensmonat auch stückigere Kost schmeckt, kann man mittags zerkleinerte, gegarte Nudeln mit etwas püriertem Gemüse aus dem Gläschen (oder frisch püriert) anbieten. Das schmeckt den meisten Babys und wenn man gleich eine größere Menge Nudeln kocht, kann man diese für das Eltern-Essen verwenden. Im Regal finden sich neben Hartweizengrießnudeln, die nur aus Weizen und Wasser bestehen, Eiernudeln und Vollkornnudeln. Eiernudeln sind etwas weicher im Biss und werden von einigen Babys daher besonders bevorzugt. Bei Vollkornnudeln lohnt es sich, verschiedene Sorten zu probieren, denn geschmacklich gibt es große Unterschiede. Während einige Nudeln im Aroma kaum von der hellen Variante zu unterscheiden sind, haben andere Sorten einen herb-kräftigen Getreidegeschmack. Die Farbe sagt übrigens nichts über den tatsächlichen Vollkorngehalt aus, eher über die verwendete Getreideart. Grüne oder rote Nudeln werden mit Spinat-, Rote-Bete- oder Tomatenextrakt gefärbt und sind ebenfalls prima für die Baby-Küche geeignet.

Inhaltsstoffe und Gesundheit. Nudeln sind ein gesundes Grundnahrungsmittel. Sie enthalten kaum Fett, dafür reichlich Kohlenhydrate, die über Stunden gut sättigen. Vollkornnudeln bieten deutlich mehr Vitamine und Mineralstoffe, da das ganze Korn mitsamt der nährstoffreichen Randschicht verarbeitet wurde. Verglichen mit hellen Sorten stecken in Vollkornpasta 3-mal so viele Ballaststoffe, die helfen, die Verdauung in Schwung zu halten. Es

spricht nichts dagegen, dem Baby ab und zu Eiernudeln anzubieten. Da diese nur in der hellen Variante angeboten werden, sollte man Eier- und Vollkornnudeln aber möglichst abwechselnd zubereiten.

Verträglichkeit. Nudeln, auch die Vollkornvariante, werden prima vertragen und belasten den Magen nicht.

Reis

Einkauf, Lagerung, Verarbeitung. Reis gehört ebenso wie Kartoffeln und Nudeln zu den Basiszutaten für Babys Mittagsbrei. Anfangs sollten die Körner fein püriert werden. Schon ab dem achten, neunten Monat akzeptieren viele Säuglinge dann ganze, weich gekochte Körner. Oftmals schrecken Mütter vor den extrem langen Garzeiten von Naturreis zurück. Neuerdings wird in den Supermärkten ungeschälter Reis angeboten, der nur noch 10 Minuten kochen muss. Der Naturreis wird dazu schonend in heißem Wasserdampf vorgegart und wieder getrocknet, Nährstoffe gehen dabei nicht verloren. Bei hellem, geschältem Reis, sollte man zu sogenanntem »Parboiled Reis« greifen. Dieser wird vor dem Schälen ähnlich wie in einem Schnellkochtopf unter hohem Druck vorbehandelt, wodurch ein Großteil der Nährstoffe aus dem Außenhäutchen in das Korninnere wandert. Wenn Babys sich an der körnigen Konsistenz stören, kann man es auch mal mit Risotto- oder Milchreis probieren, die breiiger werden. Mischungen mit Wildreis sind ebenfalls geeignet.

Inhaltsstoffe und Gesundheit. Reis enthält reichlich Stärke und hochwertiges Eiweiß mit lebensnotwendigen Aminosäuren. Vor allem in Vollkornreis steckt viel Magnesium, das wichtig für die Muskelarbeit ist. Was viele nicht wissen: Magnesium spielt auch im Zahn- und Knochenstoffwechsel eine entscheidende Rolle. Außerdem enthalten ist eine gesunde Mischung aus Kupfer und Mangan. Mangan aktiviert im Körper eine Reihe von Enzymen, die den Stoffwechsel regulieren. Kupfer wird benötigt für den Eisentransport und damit auch für die Blutbildung.

Verträglichkeit. Reis ist sehr bekömmlich und leicht verdaulich. Auch Vollkornreis belastet durch seinen ausgewogenen Anteil an Ballaststoffen nicht den Magen.

Butter und Margarine

Ob Butter oder Margarine aufs Brot kommt, ist letztlich Geschmackssache. Beides ist fürs Baby gesund und man kann ruhig das verwenden, was man im Kühlschrank stehen hat. Nur wer Halbfett-Margarine oder Halbfett-Butter verwendet, sollte diese nicht für die Baby-Küche nehmen. Das Baby braucht die Extra-Kalorien für Wachstum und Entwicklung. Im Handel unterscheidet man zwischen Süßrahm-, Sauerrahm- und mild gesäuerter Butter. Erwachsenen fällt der Geschmacksunterschied oft gar nicht auf. Aber gerade für Ess-Anfänger, die pures Butterbrot essen, macht die Sorte einen Unterschied. Süßrahmbutter ist milder und sahniger als die beiden sauren Varianten und schmeckt vielen Babys daher besonders gut.

Inhaltsstoffe und Gesundheit. Der Kalorien- und Fettgehalt von Butter und Margarine ist gleich hoch. Trotzdem bevorzugen viele Margarine, da darin mehr gesunde, ungesättigte Fette stecken. Butter enthält dagegen viele gesättigte Fette, die sich, werden sie in sehr hohen Mengen gegessen, ungünstig auf die Blutfette auswirken. In üblichen Mengen verzehrt, schaden sie nicht. Wer sein Butterbrot mit Butter bestreicht und ansonsten für den Brei und zum Kochen z. B. Rapsöl verwendet, nimmt eine gesunde Mischung beider Fettarten auf. Außerdem ist Butter ein Naturprodukt, das wesentlich weniger industriell bearbeitet ist als Margarine und demnach den Babys einen natürlicheren Geschmack bietet. Butter liefert die Vitamine A, D, E und K von Natur aus, bei Margarine werden diese teilweise zugesetzt. Schädliche Trans-Fettsäuren in Margarine sind heute kein Problem mehr. Die Produktion wurde entsprechend verbessert, sodass höchstens minimale Spuren davon enthalten sind.

Verträglichkeit. Butter und Margarine sind sehr bekömmlich und leicht verdaulich.

Weitere Lebensmittel, die Ihr Baby schon verträgt:
- Mangold
- Spargel
- gemahlene Nüsse in Backwaren, Mandelmus

6. – 9. MONAT

Gemüse-Kartoffel-Fleisch-Brei

Der Brei ist sehr nährstoffreich und sättigend. Sein wertvollster Inhaltsstoff ist hochwertiges Eisen – denn mit etwa einem halben Jahr steigt Babys Bedarf an Eisen.

Grundrezept   30 Min.

1 Port.		10 Port.
50 g	**Kartoffeln**	**500 g**
100 g	**Gemüse**	**1 kg**
30 g	**mageres Fleisch**	**300 g**
2 EL	**Vitamin-C-reicher Obstsaft**	**20 EL**
1 EL	**Rapsöl**	**10 EL**

Variationen

Gut verträgliches Gemüse
Brokkoli, Fenchel, Kohlrabi, Artischocke, Kürbis, Mangold, Möhre, Pastinake, Spargel, Spinat, Steckrübe, Süßkartoffel, Zucchini

Mageres Fleisch
Rind, Kalb, Schwein, Geflügel oder Lamm

Babys Top-3
- Kohlrabi-Kartoffel-Brei mit Schwein
- Pastinaken-Kartoffel-Brei mit Lamm
- Zucchini-Kartoffel-Brei mit Rind

- Die Kartoffeln schälen. Das Gemüse ebenfalls schälen. Beides in kleine Stücke schneiden. Das Fleisch unter fließendem Wasser abspülen und mit Küchenpapier trocken tupfen. In etwa 1 cm große Würfel schneiden.

- Kartoffeln, Gemüse und Fleisch mit wenig Wasser in einen Topf geben. Alles im geschlossenen Topf in etwa 20 Min. weich dünsten. TK-Gemüse nach Packungsanweisung kurz vor Ende der Garzeit mit in den Topf geben.

- Den Topf von der Herdplatte nehmen. Den Brei mit etwas Kochwasser fein pürieren. Den Saft und das Rapsöl zufügen und unterrühren. Den Brei frisch gekocht servieren oder als Einzelportionen für später einfrieren.

Pastinaken-Kartoffel-Brei mit Lamm ▶

6. – 9. MONAT

2

Gemüse-Kartoffel-Fisch-Brei

Fisch liefert wertvolle, gesunde Omega-3-Fette und darf ab jetzt ein- bis 2-mal pro Woche auf dem Speiseplan stehen.

Grundrezept		30 Min.
1 Port.		**10 Port.**
30 g	**Fischfilet**	300 g
50 g	**Kartoffeln**	500 g
100 g	**Gemüse**	1 kg
1 EL	**Rapsöl**	10 EL

Variationen

Gut verträgliches Gemüse
Brokkoli, Fenchel, Kohlrabi, Kürbis, Artischocke, Mangold, Möhre, Pastinake, Spargel, Spinat, Steckrübe, Süßkartoffel, Zucchini

Zartes Fischfilet
Lachs, Hering, Kabeljau, Makrele, Pangasius, Rotbarsch oder Seelachs

Babys Top-3
- Kürbis-Kartoffel-Brei mit Lachs
- Fenchel-Kartoffel-Brei mit Kabeljau
- Spinat-Kartoffel-Brei mit Seelachs

- Das Fischfilet unter fließendem Wasser abspülen und mit Küchenpapier trocken tupfen und gründlich nach Gräten absuchen. Am besten geht das, indem man mit den Fingern langsam darüberstreicht. Eventuell vorhandene Gräten mit der Pinzette entfernen. Das Fischfilet würfeln.

- Die Kartoffeln schälen. Das Gemüse schälen und klein schneiden. Kartoffeln und Gemüse in wenig Wasser in 20 Min. weich dünsten. 5 Min. vor Ende der Garzeit den Fisch dazugeben. Er ist gar, wenn das Filet nicht mehr glasig ist, sondern durchgehend kräftig weiß bzw. bei Lachs rosafarben. TK-Gemüse nach Packungsanweisung ebenfalls kurz vor Ende der Garzeit zu den Kartoffeln geben.

- Den Topf von der Herdplatte nehmen. Das Rapsöl zufügen und alles zusammen mit etwas Kochwasser fein pürieren. Den Gemüse-Kartoffel-Fisch-Brei sofort servieren oder als Einzelportionen für den Vorrat einfrieren.

Kürbis-Kartoffel-Brei mit Lachs ▶

6. – 9. MONAT

2

Gemüse-Fleisch-Brei mit Reis oder Nudeln

Reis und Nudeln liefern wertvolle Kohlenhydrate und sie können jetzt 2- bis 3-mal pro Woche die Kartoffeln als Sättigungsbeilage ersetzen.

Grundrezept	30 Min.
1 Port.	**10 Port.**
25 g **Vollkorn-Reis oder Vollkorn-Nudeln (roh gewogen)**	250 g
100 g **Gemüse**	1 kg
30 g **mageres Fleisch**	300 g
2 EL **Vitamin-C-reicher Obstsaft**	20 EL
1 EL **Rapsöl**	10 EL

Variationen

Sättigungsbeilage
Vollkorn-Reis oder Vollkorn-Nudeln

Gut verträgliches Gemüse
Brokkoli, Fenchel, Kohlrabi, Kürbis, Mangold, Möhre, Artischocke, Pastinake, Spargel, Spinat, Steckrübe, Süßkartoffel, Zucchini

Mageres Fleisch
Rind, Kalb, Schwein, Geflügel oder Lamm

Babys Top-3
- Brokkoli-Nudel-Brei mit Schwein
- Artischocken-Reis-Brei mit Huhn
- Möhren-Nudel-Brei mit Rind

- Den Reis in der doppelten Menge Wasser kochen, bis das Wasser komplett aufgesogen und der Reis weich ist. Alternativ die Nudeln nach Packungsanweisung garen.

- Das Gemüse putzen, eventuell schälen und klein würfeln. Das Fleisch unter fließendem Wasser abspülen und mit Küchenpapier trocken tupfen. In ca. 1 cm große Würfel schneiden. Gemüse und Fleisch in wenig Wasser in 15 Min. gar dünsten. TK-Gemüse nach Packungsanweisung kurz vor Ende der Garzeit mit in den Topf geben.

- Den Topf von der Herdplatte nehmen. Reis bzw. Nudeln abgießen und zusammen mit Saft und Rapsöl zur Gemüse-Fleisch-Mischung geben. Alles fein pürieren. Sofort servieren oder als Einzelportionen einfrieren.

Tipp

Für Gemüse-Muffel: Das im Rezept angegebene Gemüse lässt sich wunderbar durch Melone ersetzen. In Kombination mit Reis und Geflügelfleisch schmeckt der Brei wunderbar frisch und fruchtig – und liefert ebenso wie Möhre und Kürbis reichlich Vitamin A. Die Melonenstücke sind schon nach zwei bis drei Minuten gar.

Brokkoli-Nudel-Brei mit Schwein ▶

6. – 9. MONAT

2

Vegetarischer Gemüse-Kartoffel-Getreide-Brei

Für vegetarisch ernährte Babys besonders wichtig: der Vitamin-C-reiche Obstsaft im Brei, denn dieser macht das Eisen aus den Getreideflocken für den Körper besser verfügbar.

Grundrezept		30 Min.
1 Port.		**10 Port.**
50 g	**Kartoffeln**	500 g
100 g	**Gemüse**	1 kg
25 g	**Hafer- oder Hirseflocken**	250 g
2 EL	**Vitamin-C-reicher Obstsaft**	20 EL
1 EL	**Rapsöl**	10 EL

Variationen

Gut verträgliches Gemüse
Brokkoli, Fenchel, Kohlrabi, Kürbis, Mangold, Möhre, Artischocke, Pastinake, Spargel, Spinat, Steckrübe, Süßkartoffel, Zucchini

Eisenreiche Getreideflocken
Hafer oder Hirse

Babys Top-3
- Kürbis-Kartoffel-Hafer-Brei
- Zucchini-Kartoffel-Hirse-Brei
- Pastinake-Kartoffel-Hirse-Brei

- Die Kartoffeln schälen und in kleine Würfel schneiden. Das Gemüse putzen, eventuell schälen und ebenfalls würfeln. Beides in einen Topf geben und in wenig Wasser in 20 Min. weich dünsten. TK-Gemüse nach Packungsanweisung kurz vor Ende der Garzeit mit in den Topf geben.

- Den Topf von der Herdplatte nehmen. Die Getreideflocken, den Saft und das Rapsöl zufügen und alles mit dem Pürierstab zerkleinern. Den Brei frisch gekocht servieren oder als Einzelportionen einfrieren.

Kürbis-Kartoffel-Hafer-Brei ▶

6. – 9. MONAT

2

Grundrezept 5 Min.

1 Port.

200 ml **Vollmilch**

20 g **Vollkorn-Getreideflocken**

2 EL **Vitamin-C-reicher Obstsaft oder Fruchtpüree**

Variationen

Bekömmliche Getreideflocken

Dinkel, Hafer, Hirse, Reis oder Weizen

Mildes Obst

Mus von Apfel, Banane, Birne, Blaubeere, Erdbeere, Melone, Pfirsich, Nektarine oder Pflaume bzw. Vitamin-C-reicher Obstsaft

Getreide-Milch-Brei

Der Brei ersetzt die Milchmahlzeit am Abend. Er wird mit Vollmilch zubereitet und liefert dem Baby wertvolles Kalzium für Knochen und Zähne.

Babys Top-3

- Dinkel-Milch-Brei mit Apfel
- Hafer-Milch-Brei mit Birne
- Weizen-Milch-Brei mit Banane

- Die Vollkorn-Getreideflocken in der Milch aufkochen und 1 bis 2 Min. kochen lassen, bis die Flocken richtig weich sind. Instant-Getreideflocken sind leichter löslich und können einfach ohne Aufkochen direkt in die heiße Milch eingerührt werden.

- Den Topf von der Herdplatte nehmen. Obstsaft oder Obstpüree unterrühren. Den Getreide-Milch-Brei frisch gekocht servieren.

Tipp

Fruchtmus oder Vitamin-C-reicher Saft verbessert auch im Getreide-Milch-Brei die Eisenaufnahme aus den Getreideflocken. Deshalb empfehlen Experten, auch diesem Brei etwas davon zuzufügen.

Hafer-Milch-Brei mit Birne ▶

9. – 11. Monat – kauen lernen mit den ersten Zähnchen

Sobald gegen Ende des ersten Lebensjahres einige Zähnchen da sind, muss nicht mehr alles fein püriert werden. Damit Ihr Baby kauen lernt, gibt's jetzt Gerichte mit Stückchen. Prima kauen üben lässt es sich zum Beispiel mit kleinen unter den Brei gerührten Gemüsewürfelchen. Auch weich gekochter Reis oder kleine Hackfleisch-Brösel eignen sich gut, um Stückchen einzuführen. Da für die meisten Babys jetzt eine Phase beginnt, in der sie selber essen lernen wollen, kann man ihnen öfters Fingerfood anbieten. Ideal eignen sich gedünstete Gemüsespalten, weiches Obst wie Bananen oder Birnen, gegarte Nudeln, verschiedene Brotsorten, Zwieback oder Reiswaffeln. Mit einfachen Gerichten, die am Tisch etwas nachgewürzt auch den Großen schmecken, ist jetzt auch das Extra-Kochen nicht mehr unbedingt nötig.

Nach und nach werden weitere Milchmahlzeiten ersetzt, deshalb wird ein
ausgewogener und vielfältiger Speiseplan
immer wichtiger. Die nachfolgend vorge-
stellten Lebensmittel ergänzen die bisherige Speisenauswahl optimal und versorgen das Baby mit wichtigen Nährstoffen,
die es für Wachstum und Entwicklung
braucht.

Blumenkohl

Einkauf, Lagerung, Verarbeitung. Vor
dem Garen am besten den Strunk großzügig herausschneiden. Denn dieser hat
ein strengeres, manchmal sogar leicht
bitteres Aroma, das sonst beim Kochen
auf die viel milderen Röschen übergeht.
Blumenkohl ist ganzjährig erhältlich. Aus
heimischer Ernte kommt er von Mai bis
Oktober. Er hält sich im Gemüsefach im
Kühlschrank gut eine Woche. Das Grün
möglichst dranlassen, dann trocknet er
nichts so schnell aus. Angeschnittene
Köpfe halten sich mit Frischhaltefolie bedeckt noch zwei Tage. Der Romanesco,
eine speziell gezüchtete Blumenkohlart,
ist ebenfalls gut für die Baby-Küche geeignet.

Inhaltsstoffe und Gesundheit. Wie alle
Kohlarten enthält auch Blumenkohl Glu-
cosinolate. Das sind sekundäre Pflanzenstoffe, die antimikrobiell und antientzündlich wirken und so Infekten
vorbeugen können. Blumenkohl ist reich
an Vitamin K, das wichtig für die Blutgerinnung und Knochenfestigkeit ist. Vitamin C, Vitamin B_1, B_2 und B_6 sind ebenfalls
enthalten. Blumenkohl ist außerdem ein
guter Folsäure-Lieferant.

Verträglichkeit. Blumenkohl-Röschen haben eine zarte Struktur und sind recht bekömmlich. Der Strunk ist härter und faseriger. Er enthält mehr vom unlöslichen Ballaststoff Lignin und ist daher schwerer verdaulich. Für Babys sollte man ihn besser nicht mitverwenden. Teilweise berichten Mütter, dass ihr Baby auch auf die Röschen mit Bauchweh reagiert. Wer Blumenkohl einführt, sollte ihn deshalb vorsichtshalber erst mal in kleinen Mengen anbieten.

Erbsen

Einkauf, Lagerung, Verarbeitung. Für die Babyernährung eignen sich TK-Erbsen wunderbar. Die Vorteile: Man kann aus der Packung auch kleine Mengen entnehmen und sie sind schon nach ein paar Minuten gar. Steht auf der Verpackung »extra zart«, werden die Erbsen sehr reif geerntet und sind daher besonders süß im Geschmack. »Extra feine« Erbsen sind dagegen besonders klein, ideal um Säuglinge an stückige Kost zu gewöhnen. Dosenware hat durch die Haltbarmachung und die lange Lagerzeit viele Nährstoffe verloren und ist daher weniger geeignet. In den Sommermonaten haben jung geerntete Zuckerschoten Saison, die mitsamt der Schale verspeist werden können. Die Schoten am besten klein schneiden oder pürieren, bis die Kleinen richtig kauen können.

Inhaltsstoffe und Gesundheit. Erbsen sind nährstoffreich und sie sättigen gut, da darin viel pflanzliches Eiweiß und reichlich Kohlenhydrate stecken. Das Eiweiß in der Erbse setzt sich aus vielen lebensnotwendigen Aminosäuren zusammen und ist daher besonders gesund, vor allem für vegetarisch ernährte Kinder. Ihr hoher Ballaststoffanteil bringt die Verdauung in Schwung und sorgt für einen gesunden Darm, da sie guten Darmbakterien Nahrung bietet. An Mineralstoffen liefert sie etwas Magnesium, Eisen und Zink, außerdem einen gesunden Mix der Vitamine A, B_1, B_2, B_6, C, K sowie Niacin, Folsäure, Biotin und Pantothensäure.

Verträglichkeit. Gemüseerbsen zählen zwar zu den Hülsenfrüchten, sind fürs Baby in der Regel aber gut verträglich. Säuglingen mit sensiblem Magen gibt man erst mal nur kleine Probiermengen, da der hohe Ballaststoffanteil ihnen zu schaffen machen kann.

Mais

Einkauf, Lagerung, Verarbeitung. Frischer Mais sollte für die Baby-Küche vom Kolben geschabt und danach gekocht und püriert werden. Oder man gart den Kolben im Ganzen, schabt ihn dann ab und püriert die Körner anschließend. Ganze Körner findet man sonst unzerkaut in der Windel wieder. Wenn das Kind etwa eineinhalb ist, kann man es auch mal mit sanft gegrillten oder gekochten Kolben zum Abknabbern versuchen. Dosenmais ist zwar lange lagerfähig, hat durchs Erhitzen aber viele Nährstoffe verloren. Eine bessere Alternative sind tiefgekühlte Maiskörner, die es im Bioladen zu kaufen gibt und die einige Hersteller neuerdings

anbieten. Die Kolben behalten ihren süßen Geschmack nur, wenn sie möglichst
schnell, innerhalb weniger Tage, verbraucht werden. Je länger sie lagern, desto
mehr Zucker wird zu Stärke abgebaut.
Frischer, heimischer Zuckermais ist von
Juli bis Oktober erhältlich. In gut sortierten Supermärkten findet man ganzjährig
vorgegarte Kolben, die unter Vakuum in
Folienbeuteln verpackt sind.

Inhaltsstoffe und Gesundheit. Die gelben
Kolben sättigen deutlich länger als andere
Gemüsesorten. Der Grund: Sie enthalten
wesentlich mehr Kohlenhydrate in Form
von Zucker und Stärke. Mais ist kalium-
und magnesiumreich. Kalium reguliert
den Wasserhaushalt des Körpers. Magnesium steuert alle Muskelfunktionen und
ist darüber hinaus an der Mineralisation
der Knochen beteiligt. Außerdem enthalten sind etwas Vitamin A und Vitamin C.

Verträglichkeit. Wegen des süßen Geschmacks essen die meisten Kinder Mais
gerne. In pürierter Form ist Mais für Babys gut bekömmlich. Ganze Körner sollten
die Kleinen erst bekommen, wenn sie sie
zerkauen können.

Tomaten

Einkauf, Lagerung, Verarbeitung. Für Tomaten gilt: Je kleiner, desto aromatischer
und süßlicher sind sie. Wegen der Süße
mögen viele Kinder deshalb am liebsten
die kleinen Kirschtomaten. Ebenso wie in
Kartoffeln kann auch in den roten Früchten das giftige Solanin stecken. Grünliche

Stellen um den Stielansatz herum deshalb
lieber wegschneiden. Keine Sorge, wenn
das Baby doch etwas davon erwischt hat:
Die enthaltenen Mengen sind sehr klein
und können zu keiner Vergiftung führen.
Tomaten immer mit warmem Wasser ab-
waschen, das entfernt eventuelle Rückstände von Pflanzenschutzmitteln am
besten. Im Kühlschrank verlieren Tomaten
ihr Aroma. Besser aufgehoben sind sie bei
Zimmertemperatur. Im Winter ist Dosenware eine gute Alternative zu frischen Tomaten. Die Tomaten werden im Sommer
reif geerntet, direkt weiterverarbeitet und
sind deshalb viel aromatischer als Win-
tersorten aus dem Gewächshaus. Auch
hier aber zumindest für die Kleinen den
Strunk wegen des Solanins entfernen.

Inhaltsstoffe und Gesundheit. Tomaten
sind kleine Kraftpakete für die Immunabwehr, denn sie enthalten viel Vitamin A, E
und C. Diese Kombination stärkt wirk-
sam die Abwehrkräfte und schützt auch
vor Zellschäden durch UV-Strahlung oder
Umweltgifte. Dosentomaten haben gegenüber frischen sogar noch einen Vorteil für
die Gesundheit. Denn darin steckt rund
doppelt so viel Lycopin, ein sekundärer
Pflanzenstoff, der die Tomate rot färbt
und die Pflanze vor Schädlingen schützt.
Der Grund: Verarbeitung und Erhitzen
machen Lycopin erst verfügbar. Ähnlich
wie es die Tomaten schützt, hilft Lycopin
auch den menschlichen Körper wider-
standsfähiger gegen Viren und Bakterien
zu machen. Auch Tomatenmark hat es in
sich: Aroma und Nährstoffe konzentrieren
sich darin und es ist ein guter »Ketchup-
Ersatz« für ältere Kinder.

Verträglichkeit. Tomaten enthalten mittlere Mengen an Fruchtsäuren. Eltern beobachten immer wieder, dass Babys von Tomaten einen wunden Po bekommen. Die meisten Babys vertragen aber geringe Mengen Tomaten, vor allem wenn sie in Kombination mit anderen Lebensmitteln auf den Tisch kommen. Wenn das Baby empfindlich reagiert, lohnt es sich, beim Gemüsehändler oder auf dem Markt nach einer säurearmen Sorte zu fragen.

Grüne Bohnen

Einkauf, Lagerung, Verarbeitung. In kleinen Mengen sind grüne Bohnen ein ideales Fingerfood für Kau-Anfänger. Gegen Ende des ersten Lebensjahres, wenn Babys schon einige Zähnchen haben, ist ein guter Zeitpunkt für erste Kostproben. Grüne Bohnen machen sich auch in Suppen oder Eintöpfen gut. Im Mix mit anderen Gemüsesorten tritt auch das strenge Bohnenaroma in den Hintergrund, das bei einigen Babys nicht so gut ankommt – und sie sind auch leichter verdaulich. Rohe Bohnen enthalten von Natur aus Lektine, das sind Giftstoffe, die Darmentzündungen auslösen können. Schon mehrere roh verzehrte Bohnen können für Babys tödlich sein. Kochen inaktiviert den Giftstoff: Mindestens zwölf, besser fünfzehn Minuten Garzeit sind ausreichend. In puncto Einkauf gilt: Ein Zeichen für Frische ist die knackige grüne Farbe. Für die schnelle Baby-Küche sind TK-Bohnen ideal, die häufig als Prinzess- oder Delikatessbohnen angeboten werden. Sie sind extra zart und fein im Geschmack.

Inhaltsstoffe und Gesundheit. Grüne Bohnen sind unter den pflanzlichen Lebensmitteln ein recht guter Kalziumlieferant. Einige Böhnchen ab und zu ergänzen die Versorgung vor allem bei Kindern, die nicht so gerne Milchprodukte mögen. Babys mit unempfindlichem Darm profitieren außerdem von ihrem hohen Ballaststoffanteil. Die Pflanzenfasern regulieren die Darmtätigkeit und wirken Verstopfung entgegen. In dem grünen Gemüse ist es insbesondere das Flavonoid Quercetin, das im Körper einen positiven Gesundheitseffekt entfaltet. Man sagt dem sekundären Pflanzenstoff sowohl antiallergische als auch antientzündliche Wirkung nach.

Verträglichkeit. Unverdauliche Kohlenhydrate sind schuld, wenn es bei einigen Babys, nachdem sie grüne Bohnen gegessen haben, in Magen und Darm zwickt. Generell empfehlen Experten hierzulande, grüne Bohnen deshalb erst ab dem ersten Geburtstag. Doch nicht jedes Baby reagiert empfindlich! Das zeigen auch die Empfehlungen anderer Länder: In den Niederlanden und Amerika steht das bei uns in der Babyküche so verpönte Gemüse schon um den sechsten Lebensmonat auf dem Speiseplan und ist dort teilweise auch im Gläschensortiment zu finden. Wer auf Nummer sicher gehen will, mischt einige Stückchen mit milder, nicht blähender Kost oder gibt dem Baby erst mal ein bis zwei Böhnchen als Fingerfood in die Hand.

Kirschen

Einkauf, Lagerung, Verarbeitung. Süßkirschen kommen bei vielen Babys gut an. Wichtig: immer entsteinen, sonst kann sich das Baby verschlucken! Eine gute Alternative für erste Kostproben sind auch getrocknete Kirschen, die in der Regel ungeschwefelt angeboten werden. Die Früchte bleiben auch nach dem Trocknen noch schön weich, sodass auch Kau-Anfänger gut damit zurechtkommen. Damit die empfindlichen frischen Früchte im Kühlschrank einige Tage halten, legt man sie in eine Papiertüte – die Stiele unbedingt dran lassen. Süßkirschen aus dem Glas sind gezuckert und schmecken vielen Babys daher besonders gut. Zum Backen oder als fruchtige Begleitung zu süßen Gerichten sind Kirschen aus dem Glas ausnahmsweise mal okay, jedoch kein Ersatz für frisches Obst. Schattenmorellen sind säurereicher und daher weniger geeignet für die Babyküche.

Inhaltsstoffe und Gesundheit. Kirschen enthalten in Maßen Vitamin C, A, E und Kalium. Ihr Pluspunkt: Sie haben von allen Früchten den höchsten Gehalt an Folsäure und liefern viele sekundäre Pflanzenstoffen, die eine entzündungshemmende und zellschützende Wirkung entfalten. Als Trockenobst entpuppen sich die Früchtchen als kleine Kalorienbombe: Sie sind gut 5-mal so energiereich wie frische Kirschen. Deshalb Süßschnäbel in der Menge etwas bremsen. Pro Tag eine kleine Kinderhand voll ist das richtige Maß.

Verträglichkeit. Die Früchte tun Babys gut, die zu Verstopfung neigen, da sie die Darmentleerung fördern. Auch in getrockneter Form kurbeln sie die Verdauung an. Bei Kindern mit sensiblem Magen können Kirschen gelegentlich Bauchweh und Blähungen auslösen – vor allem wenn große Mengen gegessen wurden. Die Gründe: Je nach Kirschsorte ist die Schale recht fest und kann vom Baby schlecht zerkaut werden. Außerdem bilden sich im Darm nach größeren Mengen Obst natürlicherweise Verdauungsgase, die bei einigen Kindern zu Blähungen führen können. Kleine Portionen verursachen nur sehr selten Beschwerden. Gut verträglich ist auch gekochtes Kirschpüree. Kein Wasser nach Kirschen? Diese Warnung stammt aus früheren Zeiten, als das Trinkwasser noch häufig mit Keimen belastet war – damals fürchtete man, dass das Obst durch die Bakterien im Magen zu gären beginnt und Bauchweh auslöst.

Himbeeren

Einkauf, Lagerung, Verarbeitung. Die roten Beeren haben ein sehr weiches Fruchtfleisch – ideal für kleine Esser mit nur wenigen Zähnchen. Leider gehen die empfindlichen Beeren oft schon beim Waschen kaputt, viele verzichten deshalb darauf. Bei Babys und Kleinkindern sollte man dann am besten zu Bio-Ware greifen, denn hier kann man sichergehen, dass keine Pestizide anhaften. Himbeeren bleiben nur ein, zwei Tage frisch, aber man kann sie hervorragend einfrieren. Die Früchte bleiben ganz, wenn man sie auf einem Plastikteller ausbreitet und, erst nachdem sie gefroren sind, in eine Tüte umfüllt. Wildwachsende Himbeeren sollten Kleinkinder vorsichtshalber nicht essen. Zwar kommt es nur selten vor, aber man könnte sich dadurch mit dem Fuchsbandwurm infizieren. Für kleine Gärtner und Gärtnerinnen gibt es aufrecht wachsende Sorten, die auch auf dem Balkon nicht viel Platz wegnehmen.

Inhaltsstoffe und Gesundheit. Himbeeren enthalten eine Vielzahl von Nährstoffen, zwar nicht in hohen Mengen, aber in ausgewogener Mischung. Sie liefern die Vitamine A, E, C, B_1, B_2, B_6, Niacin und Pantothensäure sowie die Mineralstoffe Kalium, Eisen und Kalzium und die Spurenelemente Zink, Kupfer und Mangan. Reichlich enthalten sind auch pflanzliche Ballaststoffe, die sättigen und die Darmtätigkeit regulieren. Ein weiteres Plus: In Himbeeren stecken hohe Mengen der Flavonoide Quercetin und Anthocyanin, die freie Radikale neutralisieren können.

Verträglichkeit. Himbeeren enthalten etwa doppelt so viele Fruchtsäuren wie Äpfel oder Erdbeeren und werden daher nicht von jedem Baby gut vertragen. Wer weiß, dass sein Baby einen empfindlichen Magen hat, bietet zuerst zu Mus gekochte Beeren an, die sind bekömmlicher.

Mango

Einkauf, Lagerung, Verarbeitung. Reife, weiche Mangos lassen sich leicht mit der Gabel zu Mus zerdrücken. Sind die Früch-

te noch hart, lässt man sie in Zeitungspapier gewickelt noch einige Tage nachreifen. Je nach Vorliebe des Babys kann man ihm um den zehnten Monat herum kleinere Mengen in Spalten geschnitten zum Rohessen anbieten. Gekochtes Mangopüree schmeckt auch zu herzhaften Gerichten prima. Viele Babys lieben die Kombination aus Hühnchen- oder Putenfleisch, Mango und etwas Reis. Auch Fischgerichte lassen sich gut mit Mangopüree ergänzen. Für Kinder, die nicht so gerne Gemüse mögen, ideal: eine Mischung aus Mango und Zucchini, Möhre oder Kürbis. Das Aroma der Mango ist so intensiv, dass es den Gemüsegeschmack überdeckt.

Inhaltsstoffe und Gesundheit. Schon die gelbe Farbe der Mango verrät: Das Fruchtfleisch enthält reichlich Beta-Carotin, das im Körper in Vitamin A umgewandelt wird. Daneben bieten Mangos viel Vitamin C, Vitamin E und Kalium.

Verträglichkeit. Mangos haben mittlere Gehalte an Fruchtsäuren. Die Mengen sind mit denen in Äpfeln vergleichbar. Damit gehören Mangos zu den gut verträglichen exotischen Früchten. Auf die Verdauung wirken Mangos förderlich.

Käse

Einkauf, Lagerung, Verarbeitung. Milde Käsesorten wie Frischkäse, Hüttenkäse, Butterkäse, junger Gouda oder Mozzarella schmecken vielen Babys besonders gut. Gegen Ende des ersten Lebensjahres dürfen es auch würzigere, länger gereifte

Käsesorten aus pasteurisierter (erhitzter) Milch sein. Da diese meist deutlich mehr Salz enthalten als milde Sorten, sollten Kleinkinder sie jedoch nicht zu häufig essen. Um den Käse vor Schimmel zu schützen, wird dessen Rinde häufig mit dem Konservierungsstoff Natamycin (E 235) behandelt. Da Natamycin auch teilweise in den Käse übergehen kann, sollte man die Rinde großzügig, etwa einen halben Zentimeter, wegschneiden. Bei Bio-Käse sind Zusätze grundsätzlich verboten, deshalb kann man hier die Rinde sparsamer entfernen. Nicht geeignet für Säuglinge und Kleinkinder ist Rohmilchkäse. Für diese Sorten wird wegen des besonderen Geschmacks nicht erhitze Rohmilch verwendet, die noch Keime wie Listerien oder Kolibakterien enthalten kann. Dies gilt allerdings nur für Weichkäse, denn härtere Rohmilchkäse wie Parmesan oder Emmentaler können wegen der langen Reifezeit keine krankmachenden Keime mehr enthalten, sind also ungefährlich. Theoretisch könnten sich nachträglich auf der Rinde Listerien ansiedeln. Eine Ansteckung ist jedoch höchst unwahrscheinlich, wenn die Rinde nicht mitgegessen wird. Rohmilchkäse tragen auf der Verpackung die Aufschrift »mit Rohmilch hergestellt«. Bei nicht abgepackten Sorten an der Käsetheke am besten die Verkäuferin um Auskunft bitten. Außerdem ist das Thema Listeriose eigentlich nur während der Schwangerschaft problematisch, da diese Bakterien die Planzentasperre durchdringen können und das ungeborene Baby schädigen können. Eine Listeriose kann zwar für Kleinkinder immer noch sehr unangenehm sein, sie hat aber bei weitem nicht mehr die Folgen wie beim Ungeborenen.

Inhaltsstoffe und Gesundheit. Milder Käse ist ein gesundes Lebensmittel für Babys und Kleinkinder, denn er liefert reichlich Kalzium. In härteren, gereiften Käsesorten steckt besonders viel von dem Mineralstoff, aber auch Frischkäse und junge Sorten sind noch eine außerordentlich gute Kalziumquelle. Eine ausreichende Kalziumzufuhr ist für Säuglinge und Kinder besonders wichtig, da der Körper nur in jungen Jahren ein Kalziumdepot anlegt, von dem er dann das ganze Leben zehrt. Schmelzkäse, der in der Werbung häufig als gesundes Kinderlebensmittel angepriesen wird, ist aus ernährungswissenschaftlicher Sicht eher ungünstig zu bewerten. Solchen Käsezubereitungen werden bei der Herstellung phosphatreiche Schmelzsalze beigefügt – ein zumindest für Babys und Kleinkinder unnötiger Zusatz, der den Käse deutlich salzhaltiger macht als andere Sorten. Da Käse neben seinen wertvollen Mineralstoffen auch viel Fett enthält, ist es wichtig, auf die Menge zu achten. Zwar brauchen die Kleinen bis zum ersten Geburtstag für ihr Wachstum jede Extra-Kalorie, mehr als kleine Probiermengen sollten es aber nicht sein – auch wegen des hohen Salz- und Eiweißgehalts. Im zweiten Lebensjahr sind ein bis zwei Scheiben Käse bzw. Esslöffel Frischkäse pro Tag genug.

Verträglichkeit. Milde, weiche Käsesorten sind im Allgemeinen sehr gut verträglich. Nur mit lange gereiften Sorten sollte man bei Babys unter einem Jahr vorsichtig sein,

97

WISSEN

Aufs MHD achten

Mikrobiologische Untersuchungen zeigen immer wieder, dass verpackte Wurst und verpackter Schinken bereits gegen Ende des Mindesthaltbarkeitsdatums (MHD) erhöhte Keimzahlen aufweisen. Deshalb beim Kauf Produkte wählen, die noch mindestens eine Woche, besser noch zwei Wochen haltbar sind. So kann man sichergehen, dass die Ware wirklich frisch ist. Auch wenn sich »Schwitzwasser« in der Verpackung gebildet hat, besser ein anderes Produkt wählen, denn dies ist ein Zeichen dafür, dass die Packung nicht dauerhaft gekühlt wurde. Wer Geflügelwurst wählt, sollte sich anhand der Zutatenliste versichern, dass tatsächlich zu 100 Prozent Huhn oder Pute verwendet wurde, denn ein gewisser Anteil an Schweinefleisch ist trotzdem gesetzlich erlaubt.

da diese für die zarten Geschmacksknospen zu würzig sind. Außerdem sind diese Sorten oft sehr hart, sodass sie schlecht zerkaut werden können.

Wurst und Schinken

Einkauf, Lagerung, Verarbeitung. Nur Wurst- und Schinkensorten, die bei ihrer Herstellung erhitzt wurden, sind für Babys geeignet. Denn durch die hohen Temperaturen werden eventuell vorhandene Keime abgetötet, die Gefahr einer Lebensmittelinfektion ist praktisch ausgeschlossen. Unter Erhitzung hergestellt werden z. B. Kochschinken, Bratenaufschnitt, Leberwurst, Bierwurst, Fleischwurst, Lyoner, Mortadella, Gelbwurst, Bockwurst, Wiener Würstchen, Leberkäse und Weißwurst. Rohwurst oder Rohschinken wird bei der Herstellung nicht erhitzt, um einen besonderen Geschmack zu erzielen. Daher können sich darin theoretisch krankmachende Keime befinden.

Das kommt zwar sehr selten vor, aber wer bei seinem Baby oder Kleinkind besonders vorsichtig sein möchte, sollte lieber darauf verzichten. Zu den Rohwürsten zählen z. B. Salami, Teewurst, Cervelatwurst, Chorizo und Landjäger. Zu den Rohschinken zählen Lachsschinken, Parmaschinken, Serranoschinken, Schinkenspeck und Katenschinken.

Inhaltsstoffe und Gesundheit. Möglichst wenig verarbeitete Schinken wie Kochschinken oder auch Bratenaufschnitt bestehen aus reinem Muskelfleisch, das von Natur aus wenig Fett enthält – sie sollten als Brotbelag erste Wahl sein. Als Grundregel gilt: Je verarbeiteter die Wurst ist, desto mehr fettreiche Fleischteile werden mitverarbeitet und desto weniger hochwertiges Muskelfleisch enthält sie. Würstchen, Streichwurst und Lyoner enthalten z. B. vergleichsweise viel Fett und sollten daher nicht täglich aufs Brot. Tipp: Sorten aus Geflügel sind fettärmer als Wurst aus Schweinefleisch. Fleisch und Wurst sind ein wichtiger Eisenlieferant fürs Baby. Doch das wertvolle Eisen steckt ausschließlich im Muskelfleisch, nicht in den fettreichen Partien. Noch ein Grund mehr also, zu magerem Schinken und Bratenaufschnitt zu greifen.

Verträglichkeit. Wurst und Schinken enthalten recht hohe Mengen Salz und Eiweiß, die den kleinen Körper, vor allem die Nieren, belasten können. Als tägliches Maß für eine gesunde Portion dünn geschnittenen Aufschnitt gilt bei Einjährigen die Größe der Kinderhand (ca. 30 g). Für Kinder vor dem ersten Geburtstag sollte man diese Menge nochmal reduzieren und darauf achten, dem Baby nur sehr milde, nicht gewürzte Sorten zu geben.

Eier

Einkauf, Lagerung, Verarbeitung. Bereits ab einem halben Jahr können Säuglinge kleine Probiermengen Ei essen. Sind Babys etwa ein Jahr alt, dürfen sie ein bis zwei Eier pro Woche verputzen. Das ist nicht viel, denn auch in Pfannkuchen, Keksen, Aufläufen oder Klößen steckt viel Ei. In puncto Einkauf gilt: Bio-Eier sind etwa doppelt so teuer wie Eier aus konventioneller Haltung. Dafür verzichten die Bauern auf Antibiotika im Futter, und die Hühner haben deutlich mehr Platz in ihren Ställen. Statt billigen Sojas picken Bio-Hühner hochwertiges Getreide. Salmonellen haften übrigens häufiger an der Schale als im Ei-Inneren. Deshalb nach dem Anfassen oder Aufschlagen der Eier

unbedingt die Hände waschen, auch die der Kinder. Werden Eier mindestens zehn Minuten bei 70 Grad gegart, überleben Salmonellen nicht. Deshalb Rührei, Pfannkuchen und andere Eierspeisen für Babys vorsichtshalber immer gründlich durchgaren. Spiegeleier am besten von beiden Seiten braten. Rohes Ei z. B. in Nachspeisen ist für Babys auf keinen Fall geeignet.

Inhaltsstoffe und Gesundheit. Unter der Schale stecken eine Menge wertvoller Inhaltsstoffe: reichlich leicht verdauliches Eiweiß sowie die fettlöslichen Vitamine D und A. Eier liefern viele lebensnotwendige Aminosäuren, die der Körper als Grundbausteine für Muskeln, Haut, Knochen und Hormone braucht.

Verträglichkeit. Eier sind leicht verdaulich und sättigen gut. Mittlerweile weiß man, dass man durch den früher empfohlenen Verzicht auf Hühnereier keine Allergien verhindern konnte.

Weitere Lebensmittel, die Ihr Baby schon verträgt
- Aprikosen
- Brombeeren
- Kaki & Sharon (geschält)
- Gröberes Getreide wie Bulgur, Couscous, Weizenkörner, Graupen, Grünkernschrot, Hirse. Gute »Kauer« kommen jetzt schon mit kleinen, ganzen Körnchen zurecht, ansonsten sollten Sie das Getreide pürieren.
- Gurke
- Sellerie

9. – 11. MONAT

Kartoffel-Gemüse-Cremesuppe

Egal welches Gemüse Sie gerade zu Hause haben – aus fast jeder Sorte lässt sich diese Gemüsecremesuppe kochen.

Grundrezept		25 Min.
120 g	**Kartoffeln**	360 g
100 g	**Gemüse**	300 g
200 ml	**Wasser**	600 ml

Variationen

Gut verträgliches Gemüse

Blumenkohl, Brokkoli, Erbsen, Fenchel, Artischocke, Kohlrabi, Kürbis, Mangold, Mais, Möhre, Pastinake, Spinat, Steckrübe, Süßkartoffel, Tomaten, Zucchini

Babys Top-3

- Kartoffel-Blumenkohl-Suppe
- Kartoffel-Erbsen-Kohlrabi-Suppe
- Kartoffel-Kürbis-Suppe

- Die Kartoffeln schälen und in kleine Stücke schneiden. Das Gemüse waschen, eventuell schälen und ebenfalls klein schneiden. Beides zusammen mit dem Wasser in einen Topf geben und bei mittlerer Hitze mit geschlossenem Deckel 20 Min. köcheln lassen. Tiefgekühltes Gemüse nach Packungsanweisung erst kurz vor Ende der Garzeit zu den Kartoffeln geben.

- Den Topf vom Herd nehmen und alles mit dem Pürierstab pürieren. Die Suppe frisch gekocht servieren. Sie eignet sich auch prima zum Einfrieren für den Vorrat.

 Tipp

Reichhaltiger wird die Suppe durch eine schnelle Fischeinlage: dazu für eine Baby- und eine Erwachsenenportion etwa 100 g grätenfreies Fischfilet klein würfeln. Nach dem Pürieren in die Suppe geben und diese nochmal aufkochen lassen. Die Fischwürfelchen 4 bis 5 Minuten in der Suppe gar ziehen lassen. Für eine Babyportion reichen 30 g Fischfilet.

Kartoffel-Erbsen-Kohlrabi-Suppe ▶

9. – 11. MONAT

Vegetarischer Kartoffelbrei mit ersten Gemüsewürfelchen

Anfangs die Gemüsewürfel klitzeklein schneiden und butterweich kochen. Akzeptiert Ihr Baby die neue Konsistenz, kann man die Stückchen etwas größer lassen.

Grundrezept		30 Min.
125 g	**Kartoffeln**	375 g
50 g	**Gemüse**	150 g
4 EL	**Milch**	80 ml
1 EL	**Hafer- oder Hirseflocken**	3 EL
1 EL	**Vitamin-C-reicher Obstsaft**	3 EL
1 TL	**Rapsöl**	1 EL

Variationen

Gut verträgliches Gemüse
Blumenkohl, Brokkoli, Erbsen, Fenchel, Artischocke, Kohlrabi, Kürbis, Mangold, Mais, Möhre, Pastinake, Spinat, Steckrübe, Süßkartoffel, Tomaten, Zucchini

Babys Top-3
- Kartoffelbrei mit Süßkartoffelwürfelchen
- Kartoffelbrei mit Mais
- Kartoffelbrei mit Tomatenwürfelchen

- Die Kartoffeln schälen und in kleine Stücke schneiden. In etwa 20 Min. weich kochen. Das Gemüse waschen, putzen, eventuell schälen und in Mini-Würfelchen schneiden. Einen weiteren Topf mit so viel Wasser füllen, dass der Boden gerade bedeckt ist. Das Gemüse hineingeben und weich dünsten. TK-Gemüse nach Packungsanweisung zubereiten.

- Die Kartoffeln abgießen. Milch, Getreideflocken, Saft und Rapsöl zufügen und alles mit dem Kartoffelstampfer zerstampfen. Die Gemüsewürfelchen ebenfalls abgießen und unter den Kartoffelbrei mischen. Frisch gekocht servieren.

Kartoffelbrei mit Tomatenwürfelchen ▶

Gemüse-Getreide-Brei mit Hackfleisch

Hackfleisch ist ideal für Babys erste Kauversuche mit »richtigem« Fleisch. Es ist schön weich und zerfällt fast von allein in kleine Stückchen.

Grundrezept		30 Min.
100 ml	Möhrensaft	300 ml
100 ml	Wasser	300 ml
100 g	Gemüse	300 g
30 g	Getreide	90 g
30 g	Hackfleisch	90 g
1 TL	Rapsöl	1 EL

Variationen

Gut verträgliches Gemüse
Blumenkohl, Brokkoli, Erbsen, Fenchel, Kohlrabi, Artischocke, Kürbis, Mais, Möhre, Pastinake, Steckrübe, Süßkartoffel, Tomaten, Zucchini

Bekömmliches Getreide
Bulgur, Couscous, Weizenkörner, Graupen, Grünkernschrot oder Hirse

Hackfleisch oder Tartar von
Rind, Kalb, Schwein, Geflügel oder Lamm

Babys Top-3
- Kürbis-Couscous-Brei mit Rinderhack
- Tomaten-Bulgur-Brei mit Lammhack
- Steckrüben-Hirse-Brei mit gemischtem Hack

- Den Möhrensaft zusammen mit dem Wasser in einen Topf geben und aufkochen lassen. Das Gemüse waschen, eventuell schälen und entkernen und fein würfeln. Zusammen mit Getreide und Hackfleisch in den Topf geben und 10 bis 15 Min. köcheln lassen, bis die Flüssigkeit fast vollständig aufgesogen ist und Gemüse und Getreide weich sind.

- Dabei immer wieder gut umrühren, damit nichts am Boden ansetzt. Eventuell noch etwas Flüssigkeit nachgießen. TK-Gemüse nach Packungsanweisung kurz vor Ende der Garzeit zugeben.

- Dem Brei das Rapsöl zufügen und nach Belieben die Babyportion noch mit dem Kartoffelstampfer oder dem Pürierstab pürieren. Den Gemüse-Getreide-Brei frisch gekocht servieren oder für den Vorrat einfrieren.

Tipp

Als zusätzliches Vitamin-Plus steckt in diesem Brei Möhrensaft, der auch für eine aromatische Süße sorgt. Achten Sie darauf, dass der Möhrensaft mit Vitamin C angereichert ist – zur besseren Eisenaufnahme.

Tomaten-Bulgur-Brei mit Lammhack ▶

Nudeln mit Gemüse und Fisch

Mit weichem Fischfilet können Babys prima Kauen üben, sogar wenn erst wenige Zähne da sind. In kleine Stücke schneiden reicht deshalb aus.

Babys Top-3

- Nudeln mit Spinat und Rotbarsch
- Nudeln mit Zucchini und Seelachs
- Nudeln mit Süßkartoffeln und Lachs

- Das Gemüse waschen, eventuell schälen und in feine Würfel schneiden. In wenig Wasser in 5 bis 10 Min. weich kochen. TK-Gemüse und Nudeln nach Packungsanweisung kochen.

- Das Fischfilet unter fließendem Wasser abspülen, mit Küchenpapier trocken tupfen und gründlich nach Gräten durchsuchen. Eventuell vorhandene Gräten mit der Pinzette entfernen. Den Fisch in Würfel schneiden. Etwas Wasser in einem Topf aufkochen lassen und die Fischwürfel darin bei mittlerer Hitze 4 bis 5 Min. gar ziehen lassen.

- Gemüse und Nudeln abgießen. Beides zusammen mit dem Rapsöl in eine Schüssel geben. Die Babyportion mit dem Kartoffelstampfer oder dem Pürierstab leicht zermusen. Den Fisch abgießen und zusammen mit den Gemüsenudeln servieren. Das Gericht eignet sich auch zum Einfrieren für den Vorrat.

Grundrezept	25 Min.	
100 g	Gemüse	300 g
30 g	Vollkorn-Nudeln (roh gewogen)	90 g
40 g	Fischfilet	120 g
1 TL	Rapsöl	1 EL

Variationen

Gut verträgliches Gemüse
Blumenkohl, Brokkoli, Erbsen, Fenchel, Kohlrabi, Kürbis, Mangold, Artischocke, Mais, Möhre, Pastinake, Spinat, Steckrübe, Süßkartoffel, Tomaten, Zucchini

Zartes Fischfilet
Lachs, Hering, Kabeljau, Makrele, Pangasius, Rotbarsch oder Seelachs

Nudeln mit Süßkartoffeln und Lachs ▶

9. – 11. MONAT

Gemüse-Hähnchen-Risotto

Milchreis macht dieses Gericht sämig und für Ess-Anfänger gut kaubar. Hähnchenfleisch liefert viel Zink für eine starke Immunabwehr.

Babys Top-3
- Erbsen-Hähnchen-Risotto
- Kohlrabi-Hähnchen-Risotto
- Brokkoli-Hähnchen-Risotto

Grundrezept	30 Min.
30 g **Hähnchenfleisch**	90 g
100 g **Gemüse**	300 g
30 g **Milchreis**	90 g
180 ml **Wasser**	540 ml
1 TL **Rapsöl**	1 EL
1 EL **geriebener Käse**	3 EL

Variationen

Gut verträgliches Gemüse
Blumenkohl, Brokkoli, Erbsen, Fenchel, Kohlrabi, Kürbis, Mangold, Mais, Möhre, Artischocke, Pastinake, Spinat, Steckrübe, Süßkartoffel, Tomaten, Zucchini

- Das Fleisch unter fließendem Wasser abspülen, mit Küchenpapier trocken tupfen und in ca. 1 cm große Würfel schneiden. Das Gemüse waschen, eventuell schälen und entkernen und fein würfeln.

- Fleischwürfel, Gemüse und Milchreis in einen Topf geben. Das Wasser zugießen und alles bei mittlerer Hitze 15 bis 20 Min. sanft köcheln lassen. TK-Gemüse je nach auf der Packung angegebener Garzeit erst später mit zum Reis in den Topf geben.

- Immer wieder umrühren, bis die Flüssigkeit fast vollständig aufgesogen ist. Eventuell noch etwas Flüssigkeit nachgießen. Das Rapsöl unterrühren. Die Babyportion nach Belieben noch etwas pürieren. Vor dem Servieren den geriebenen Käse unterrühren.

Erbsen-Hähnchen-Risotto ▶

Tomaten-Gemüse-Nudeln

Die meisten Babys lieben Tomatensauce. Hier »versteckt« sich darin zusätzlich etwas Gemüse. Das sorgt für extra Vitamine und macht die Sauce milder und säureärmer.

Grundrezept · 25 Min.

	50 g	Gemüse	150 g
	1 TL	Rapsöl	1 EL
	100 g	Tomaten aus der Dose	300 g
	30 g	Buchstaben- oder Sternchennudeln	90 g

Variationen

Gut verträgliches Gemüse
Blumenkohl, Brokkoli, Erbsen, Fenchel, Kohlrabi, Kürbis, Mais, Möhre, Artischocke, Pastinake, Steckrübe, Süßkartoffel, Zucchini

Babys Top-3
- Tomaten-Möhren-Nudeln
- Tomaten-Zucchini-Nudeln
- Tomaten-Fenchel-Nudeln

- Das Gemüse waschen, eventuell schälen, entkernen und fein würfeln. Das Rapsöl in einer Pfanne oder einem Topf erhitzen und die Gemüsewürfel darin ganz kurz unter Rühren andünsten. Die Dosentomaten zugeben und alles bei mittlerer Hitze ca. 10 Min. sanft köcheln lassen.

- In der Zwischenzeit in einem Topf das Wasser für die Nudeln erhitzen. Die Nudeln nach Packungsanweisung kochen. Die Sauce nach Belieben mit dem Pürierstab pürieren.

- Die Nudeln abgießen und zusammen mit der Sauce servieren. Die Tomaten-Gemüse-Sauce eignet sich auch prima zum Einfrieren für den Vorrat.

TIPP
Mit einem Klecks Sahne oder Frischkäse wird die Sauce noch milder und cremiger. Und diese Tomaten-Gemüse-Sauce passt nicht nur gut zu Nudeln. Sie können sie auch zu Reis, Bulgur, Couscous, Weizen, Graupen, Hirse oder Polenta reichen.

Tomaten-Möhren-Nudeln ▶

9. – 11. MONAT

Milchreis mit Fruchtsauce

Egal ob warm oder kalt serviert, egal ob zum Mittagessen oder als kleine Zwischenmahlzeit – dieser Klassiker kommt bei den meisten Babys und Kleinkindern gut an.

Grundrezept		25 Min.
160 ml	**Milch**	480 ml
40	**Milchreis**	120 g
75 g	**Obst (frisch oder aufgetaute TK-Ware)**	225 g

Variationen

Mildes Obst

Aprikose, Banane, Blaubeere, Brombeere, Erdbeere, Himbeere, Kaki & Sharon, Kirsche, Kiwi, Mango, Pfirsich, Pflaume, Nektarine

Babys Top-3
- Milchreis mit Mangosauce
- Milchreis mit Pfirsichsauce
- Milchreis mit Erdbeersauce

- Die Milch in einen Topf geben und einmal aufkochen lassen. Den Milchreis zufügen und alles bei schwacher Hitze ca. 20 Min. sanft köcheln lassen. Zwischendurch immer mal wieder umrühren, damit der Reis nicht ansetzt.

- In der Zwischenzeit das Obst waschen und putzen, eventuell entkernen. Sorten mit härterer Schale schälen. Mit dem Pürierstab zu einer feinen Sauce pürieren.

- Den Milchreis von der Herdplatte nehmen. Zusammen mit der Fruchtsauce servieren.

Milchreis mit Mangosauce ▶

9. – 11. MONAT

Zwieback-Obst-Brei

Schnell gemacht ist dieser Brei für den kleinen Hunger zwischendurch. Mit Vollkornzwieback zubereitet liefert er mehr Ballaststoffe.

Grundrezept   **10 Min.**

1 Port.

2	**Scheiben Vollkorn-Zwieback (ca. 20 g)**
50–75 ml	**Wasser**
100 g	**Obstmus**

Variationen

Anstatt Zwieback

ungesüßte Baby- oder Vollkorn-kekse, Reiswaffeln, Knäckebrot

Mildes Obstmus

Apfel, Aprikose, Banane, Birne, Blaubeere, Brombeere, Erdbee-re, Himbeere, Kaki & Sharon, Kirsche, Mango, Melone, Pfirsich, Nektarine oder Pflaume

Babys Top-3
- Zwieback-Pfirsich-Brei
- Vollkornkeks-Apfel-Brei
- Zwieback-Banane-Brei

- Den Zwieback in eine Schüssel oder einen tiefen Teller legen. Das Wasser kochend heiß werden lassen und über den Zwieback gießen, bis er sich damit vollgesogen hat. Den Zwieback kurz quellen lassen.

- Sobald der Zwieback schön weich geworden ist, zerteilt man ihn mit dem Löffel in kleine Stücke. Das Obstmus zugeben und unterrühren. Den Zwie-back-Obst-Brei frisch zubereitet servieren.

Zwieback-Pfirsich-Brei ▶

Früchtebrötchen

Perfekt zum Kauenlernen und viel gesünder als vom Bäcker sind diese fruchtigen Brötchen aus Vollkornmehl und ganz ohne zugesetzten Zucker.

Grundrezept   2 Std.

Für 10 Stück

500 g	**Weizen- oder Dinkel-vollkornmehl (alternativ Type 630 oder 1050)**
1	**Tüte Trockenhefe**
1	**Prise Salz**
3	**Eier**
100 ml	**lauwarme Milch**
150 g	**weiche Butter**
75 g	**Rosinen**
100 g	**Obst (oder Gemüse)**

Variationen

Mildes Obst

Apfel, Banane, Birne. Gut schmecken auch Möhren-, Kürbis- oder Zucchiniraspel.

Babys Top-3

- Dinkel-Rosinen-Brötchen mit Apfelstückchen
- Dinkel-Rosinen-Brötchen mit Möhrenraspel
- Weizen-Rosinen-Brötchen mit Birnenstückchen

- Mehl, Hefe und Salz mischen. Die Eier und die Milch verquirlen. Die Eiermilch zur Mehlmischung geben und mit den Knethaken des Handrührers vermengen. Die Butter zufügen und alles zu einem glatten Teig verkneten. Die Schüssel mit einem Tuch abdecken. Den Teig an einem warmen Ort 1 Stunde gehen lassen.

- Die Rosinen in ein Sieb geben und abspülen. Das Obst waschen, putzen und raspeln oder in kleine Stücke schneiden. Den Teig mit den Händen kräftig durchkneten. Rosinen und Obststücke unterkneten. Den Teig in zehn Portionen teilen und zu Brötchen formen. Ein Backblech mit Backpapier auslegen und die Brötchen daraufsetzen. Nochmals 10 Min. gehen lassen.

- Den Backofen auf 200 Grad vorheizen. Die Brötchen ca. 25 Min. auf der mittleren Schiene backen. Etwas auskühlen lassen und servieren. Die Brötchen können auch prima für den Vorrat eingefroren werden.

Dinkel-Rosinen-Brötchen mit Apfelstückchen ▶

11. – 15. Monat – Essen (fast) wie die Großen

Die meisten vollwertigen und frischen Lebensmittel sind nun geeignet, und nach und nach können alle eine gemeinsame Familienkost essen. Der Magen-Darm-Trakt von Kleinkindern ist jetzt so stabil, dass er auch mit etwas schwerer verdaulichen Gemüsesorten oder säurereichen Früchten klarkommt. Weil der Körper mehr Eiweiß verträgt, dürfen jetzt 2- bis 3-mal pro Woche Joghurt und Quark auf dem Speiseplan stehen. Auch wenn die Vielfalt groß ist, bitte nicht vergessen: Kleinkinder müssen nicht alles essen und auch Phasen in denen es nur seine heiß geliebten Nudeln oder Bananen möchte, sind normal. Jetzt kommen auch zum ersten Mal richtige kleine Gerichte auf den Tisch. Alle Speisen im Rezeptteil werden für einen sanften Übergang zur Familienkost aber noch aus wenigen, verträglichen Zutaten zubereitet. Und nachträglich gewürzt schmeckt es auch Mama und Papa.

Aubergine

Einkauf, Lagerung, Verarbeitung. Die Aubergine zählt hierzulande nicht zu den typischen Gemüsesorten fürs Babymenü. In mediterranen und orientalischen Ländern wird sie wegen ihres milden Geschmacks und der weichen Konsistenz jedoch schon seit jeher gerne gefüttert. Bei Zimmertemperatur halten sich Auberginen einige Tage, Kühlschrank-Kälte mögen sie nicht. Das Gemüse enthält im unreifen Zustand das giftige Solanin, zu erkennen an der noch grünlichen Schale. Reife Auberginen erkennt man an der dunkelvioletten Schale. Auf Wochenmärkten oder im gut sortierten Handel sind auch weiße oder orangefarbene Sorten zu finden, die sich ebenfalls für die Babyküche eignen. Das schwammartige Fruchtfleisch wird beim Kochen schön weich und lässt sich gut pürieren. Besonders aromatisch ist die Zubereitung im Backofen. Dazu die Aubergine der Länge nach vierteln oder achteln und bei etwa 200 Grad backen, bis sie weich ist (ca. 30 Minuten). Danach kann man die Stücke pürieren oder klein geschnitten unter Reis oder Nudeln mischen.

Inhaltsstoffe und Gesundheit. Bei der Aubergine konzentrieren sich Vitamine, Mineralstoffe und auch das Aroma in der Schale, deshalb möglichst nicht schälen. Eine Auberginenmahlzeit ab und zu beugt einem Folsäuremangel vor, denn in dem violetten Gemüse steckt reichlich davon. Außerdem sind Auberginen eine gute Quelle für Kalium, das unentbehrlich ist für die Bildung neuer Zellen und damit auch für alle Wachstumsprozesse. Sie enthalten erhebliche Mengen Polyphenole, die antimikrobiell wirken.

Verträglichkeit. Babys vertragen Auberginen in der Regel prima. Haben Säuglinge einen sehr empfindlichen Magen, sollte man die Schale vor der Zubereitung entfernen, weil diese etwas schwerer verdaulich ist als das Fruchtfleisch.

Paprika

Einkauf, Lagerung, Verarbeitung. In puncto Nährstoffgehalt und Süße haben rote Exemplare den gelben und vor allem den grünen Schoten einiges voraus. Rote Paprika dürfen länger am Strauch bleiben und werden vollreif geerntet. So können sie mehr Vitamine anreichern und mehr Kohlenhydrate in Zucker umwandeln, weshalb sie bei den Kleinen besonders hoch im Kurs stehen. Weil Paprika häufig mit Pestiziden behandelt wird, immer gründlich mit warmem Wasser waschen – oder zu Bio-Ware greifen. Paprika mögen keine Kälte und werden im Kühlschrank schnell schrumpelig. Besonders aromatisch werden Paprika im Ofen. Dazu die geputzten, halbierten Schoten im Backofen grillen, bis die Haut schwarz wird und Blasen wirft. Die Haut lässt sich leicht abziehen, wenn man die Schoten nach dem Herausnehmen kurz mit einem feuchten Tuch bedeckt. Auf diese Art gegrillte Paprika sind besonders aromatisch und bekömmlich. Man kann sie klein geschnitten oder püriert im Mittagsbrei anbieten.

Inhaltsstoffe und Gesundheit. Paprikaschoten sind Vitamin-C-Bomben. Sie enthalten mehr von dem Vitamin als Orangen. Gelbe und rote Schoten liefern sogar noch 30 Prozent mehr Vitamin C als grüne Schoten. Vitamin A und E sind ebenfalls reichlich enthalten. Die Vitamine A, E und C bilden zusammen eine wirksame Kombination zur Stärkung des Immunsystems. Außerdem sind Paprika arm an Nitrat, weshalb das Gemüse ruhig mehrmals pro Woche auf dem Speiseplan stehen kann.

Verträglichkeit. Vor allem rohe Paprika können empfindlichen Mägen schwer zu schaffen machen. Grund hierfür ist die unverdauliche Außenhaut der Paprika, die sich nach dem Grillen der Schoten leicht entfernen lässt. Kleine Mengen gegarter Paprika, z.B. in einer Gemüsepfanne, bereiten meist keine Probleme.

Champignons

Einkauf, Lagerung, Verarbeitung. Frische Champignons gehören hierzulande zu den beliebtesten Pilzen und schmecken auch Babys ab dem zehnten, elften Monat gut. Häufig werden sie in mit Folie eingeschweißten Plastikschälchen angeboten. Zu Hause sollte man Champignons im Kühlschrank lagern. Die Folie am besten entfernen, da die Pilze sonst anfangen zu »schwitzen« und durch die ausgetretene Flüssigkeit schneller verderben. Eine gute Möglichkeit zur Lagerung ist auch, die Pilze in ein feuchtes Küchentuch gewickelt in den Kühlschrank zu legen. Pilzgerichte dürfen ein zweites Mal aufgewärmt werden, wenn sie nach dem ersten Erhitzen direkt abgekühlt und im Kühlschrank gelagert worden sind. Getrocknete Champignons können mit Salmonellen belastet sein. Vor allem wenn Trockenpilze über Stunden in Wasser eingeweicht werden, vermehren sich die Keime explosionsartig. Gerichte mit Trockenpilzen sind daher für Babys nicht geeignet. Wenn Kleinkinder davon etwas mitessen sollen, muss die Speise unbedingt mindestens zehn Minuten bei 70 Grad durchgekocht werden, dann wird der Erreger unschädlich gemacht. Selbst gesammelte Waldpilze sollten Kleinkinder vorsichtshalber nicht bekommen, weil diese im Gegensatz zu Zuchtpilzen Schwermetalle oder radioaktives Cäsium anreichern können.

Inhaltsstoffe und Gesundheit. Pilze enthalten gesundes pflanzliches Eiweiß und reichlich Vitamin K, das für die Blutgerinnung benötigt wird. Vitamin B_2 ist wichtig für den gesamten Stoffwechsel und für eine starke Barrierefunktion von Haut und Schleimhäuten. Außerdem sind Pilze der einzige pflanzliche Vitamin-D-Lieferant. Vitamin D spielt eine entscheidende Rolle bei der Resorption des Knochenbausteins Kalzium. Zwar wird Vitamin D im Körper selbst gebildet, wenn Sonne auf die Haut trifft, aber vor allem in den Wintermonaten kann eine Portion Pilze die Zufuhr ergänzen.

Verträglichkeit. Bei einigen Kleinkindern können Champignons Blähungen und Bauchweh auslösen, vor allem wenn sie roh gegessen werden. Im gekochten Zustand sind sie besser verträglich und bereiten den meisten Kindern überhaupt keine Probleme.

Kiwi

Einkauf, Lagerung, Verarbeitung. Für Babys besonders gut geeignet sind die milden gelben Kiwi-Sorten. Diese Neuzüchtung hat ein süßeres Fruchtfleisch und ist weniger säurereich als die grüne Verwandte. Wer Kiwi mit Milchprodukten mischen möchte, sollte ebenfalls zur gelben Sorte greifen. Der Grund: Sie enthält im Gegensatz zur grünen Kiwi kein Enzym, das Milch und Quark bitter werden lässt. Kiwis mögen es kühl bei hoher Luftfeuchte, deshalb kann man sie prima im Gemüsefach des Kühlschranks lagern. Dort halten sich härtere Exemplare bis zu drei Wochen, sehr weiche, reife Früchte noch bis zu zwei Tage.

Inhaltsstoffe und Gesundheit. Kiwis sind reich an Vitamin C. Sie enthalten ähnlich viel wie Orangen und gehören damit zu den Vitamin-C-reichsten Lebensmitteln. Aber die Kiwi hat noch mehr zu bieten: In ihr stecken auch hohe Mengen an Zink, Kupfer und Mangan, die zahlreiche Enzyme aktivieren und so Stoffwechsel und Immunsystem stärken.

Verträglichkeit. Kiwis gehören zu den säurereichsten Obstsorten und werden daher nicht von jedem Baby problemlos vertragen. Robusten Mägen bekommen schon gegen Ende des ersten Lebensjahres einige Löffel der rohen Frucht. Gekocht als Mus oder im Mix mit milden Obstsorten verursachen Kiwi seltener Magenbeschwerden oder Wundsein. Die enthaltenen Fruchtsäuren regen die Verdauung an und können Verstopfung lindern.

121

Weintrauben

Einkauf, Lagerung, Verarbeitung. Damit sich Babys nicht an Weintrauben verschlucken, bietet man sie ihnen am besten klein geschnitten an. So kann auch die Traubenschale leichter verdaut werden. Einige Kinder spucken die Schale auch von selbst wieder aus. Wichtig ist außerdem, eine kernlose Sorte zu wählen bzw. die Kerne vorher zu entfernen. Die Reben sind anfällig für Schädlinge, deshalb finden sich auf Trauben häufig eine ganze Reihe von Pestiziden – zwar in der Regel unter den gesetzlich vorgeschriebenen Höchstmengen, aber gerade bei Babys und Kleinkindern möchte man natürlich besonders vorsichtig sein. Gründliches Waschen mit warmem Wasser entfernt einen Großteil der Rückstände. Für den Bio-Anbau werden resistentere Sorten gewählt, die schon von vornherein weniger anfällig sind. Oft kann ganz auf Spritzmittel verzichtet werden. Nachteil: Die robusten Trauben sind oft kernreich. Beim Einkauf darauf achten, dass noch nicht zu viele Trauben lose im Beutel liegen. Dann wären die Früchte schon überreif und würden schnell schimmeln.

Inhaltsstoffe und Gesundheit. Trauben liefern Kupfer, Kalium, Folsäure, Niacin, Vitamin B_6 und auch etwas Eisen. Sowohl weiße als auch rote Trauben liefern reichlich Polyphenole: In beiden Sorten steckt viel Quercetin, das antiallergische und antientzündliche Wirkungen besitzt. Dunkle Trauben enthalten zusätzlich farbgebende Anthocyane. Werden Weintrauben zu Rosinen getrocknet, leiden viele Vitamine unter der Wärmeeinwirkung. Dafür liefern sie konzentrierte Mengen an Fruchtzucker, Ballaststoffen und Kalium. Die meisten Babys und Kleinkinder lieben Rosinen wegen ihrer Süße. Ab und zu eine kleine Hand voll getrockneter, ungeschwefelter Rosinen ist eine gesunde Zwischenmahlzeit. Mehr sollte es wegen des hohen Zuckergehalts jedoch besser nicht sein.

Verträglichkeit. Ein paar Trauben vertragen auch schon Babys unter einem Jahr, etwa ab dem neunten, zehnten Monat gut.

Zitrusfrüchte

Einkauf, Lagerung, Verarbeitung. Als Saft können Säuglinge Orangen bereits ab dem sechsten Monat im Gemüse-Kartoffel-Fleisch-Brei bekommen. Frühestens gegen Ende des ersten Lebensjahres darf wegen des hohen Säuregehalts auch von der frischen Frucht genascht werden. Um den ersten Geburtstag herum ist der Magen-Darm-Trakt weitestgehend ausgereift und verträgt in der Regel auch kleine Mengen säurehaltiger Zitrusfrüchte problemlos. Damit sich die Kleinen an das saure Obst langsam herantasten können, sind Mandarinen und Clementinen besonders empfehlenswert, da sie milder als Orangen sind. Sind Kerne vorhanden, diese immer gut entfernen, sonst könnte sich das Baby daran verschlucken. Da Zitrusfrüchte leicht schimmeln, wird die Schale mit Konservierungsstoffen behandelt. Zum Schluss wird die Schale oft noch gewachst, damit die Frucht kein Wasser verliert und frisch bleibt. Der Hinweis »unbehandelt« bedeutet nur, dass nach der Ernte keine Pestizide aufgesprüht wurden, vorher können die Früchte durchaus mit Insektenschutzmitteln besprüht worden sein. Deshalb auch bei unbehandelter Ware nach dem Schälen die Hände waschen. Wenn Kleinkinder bereits selber schälen können, die Früchte am besten vorher gründlich mit warmem Wasser waschen.

Inhaltsstoffe und Gesundheit. Zitrusfrüchte sind ein Lieferant für Vitamin C. Vor allem im Winter, wenn an heimischen Obstsorten nur Äpfel und Birnen zu finden sind. Heute weiß man, dass Mandarinen, Clementinen und Orangen noch mehr zu bieten haben: reichlich Flavonoide mit zellschützender Wirkung.

Verträglichkeit. Die Mehrheit der Kinder verträgt Zitrusfrüchte in kleinen Mengen gut, vor allem im Brei oder im Mix mit milden Sorten wie Bananen, die die Säure »abpuffern«. So werden Orangen z.B. auch für Gläschenkost bereits ab dem 8. Monat verwendet.

Joghurt und Quark

Einkauf, Lagerung, Verarbeitung. Gegen Ende des ersten Lebensjahres vertragen Babys auch Joghurt und Quark. Gerade bei dieser Produktgruppe heißt es jedoch beim Einkauf aufgepasst: Die Eltern sollen mit gesund klingenden Werbeaussagen wie »mit extra Vitaminen« überzeugt werden. Fruchtjoghurts oder Kinder-Quark

enthalten jedoch oft viel Zucker und Fett und nur wenig Frucht. Bis zu acht Stück Würfelzucker stecken in einem Becher! Ein idealer Snack für Kleinkinder wäre z.B. ein Naturjoghurt mit 1,5 oder 3,5 Prozent Fettgehalt, vermengt mit etwas klein geschnittenem Obst. Fruchtquarks bestehen aus Quark oder Frischkäse. Ihr Geschmack ist wesentlich milder, weil hier die säuerliche Molke entfernt wird.

Inhaltsstoffe und Gesundheit. Das Forschungsinstitut für Kinderernährung empfiehlt für Einjährige etwa 300 ml Milch- und Milchprodukte am Tag. Trinkt das Kind also schon zum Frühstück ein Glas Milch, isst nachmittags eine Portion Milchreis und abends noch ein Brot mit Käse, wäre ein zusätzlicher Joghurt zu viel des Guten. Im Austausch mit anderen Milchprodukten oder wenn Babys keine pure Milch trinken mögen, spricht nichts gegen etwas Joghurt oder etwas Quark – auch schon mit 11 oder 12 Monaten. In puncto Fettgehalt gilt: Kleine Buddhas vertragen auch die fettarme Variante mit 1,5 Prozent Fett. Für zarte Kinder ruhig vollfette Sorten mit 3,5 Prozent Fett wählen.

Verträglichkeit. Joghurt enthält natürliche Milchsäurebakterien, die die Verdauung unterstützen und helfen, die Darmflora z.B. nach einer Antibiotikabehandlung wieder ins Gleichgewicht zu bringen.

Weitere Lebensmittel, die Ihr Baby schon verträgt
- Kräuter
- Johannisbeeren
- Stachelbeeren

11. – 15. MONAT

4

Flocken-Früchte-Milch

Manche Kleinkinder mögen vor allem morgens noch nicht so viel kauen. Eine prima Alternative ist dieses gesunde Trink-Frühstück mit zart schmelzenden Instantflocken aus dem Becher.

Grundrezept   5 Min.

Für 1 Kinderportion
75 g	**Obst**
125 ml	**Milch**
2	**leicht gehäufte EL Instant- oder Getreideflocken**

Variationen

Mildes Obst
Apfel, Aprikose, Banane, Birne, Blaubeere, Brombeere, Erdbeere, Himbeere, Kaki & Sharon, Kirsche, Mango, Melone, Pfirsich, Nektarine, Pflaume

Bekömmliche Getreideflocken
Dinkel, Hafer, Hirse, Weizen, Reis

Babys Top-3
- Hafer-Erdbeer-Milch
- Dinkel-Bananen-Milch
- Weizen-Pfirsich-Milch

- Das Obst waschen, eventuell schälen und entkernen. Größere Früchte in kleine Stücke schneiden.

- Das Obst zusammen mit der Milch und den Flocken in ein hohes Gefäß geben und fein pürieren. In eine Tasse oder ein Glas füllen und servieren.

Tipp

Für die Flocken-Früchte-Milch eignen sich auch gefrorene Früchte. Das ist vor allem im Winter praktisch, wenn die Auswahl heimischer Sorten gering ist. Die Früchte dann am besten am Abend vorher schon aus dem Gefrierfach nehmen und im Kühlschrank auftauen lassen.

Hafer-Erdbeer-Milch ▶

11. – 15. MONAT

Müsli-Brei

Es ist gut Babys schon früh an ein vollwertiges Frühstück zu gewöhnen, z. B. mit diesem Müsli aus zarten Flocken und frischen Früchten.

Grundrezept		5 Min.
👶		👶/🧍
60 ml	**Milch**	150 ml
3 EL	**zarte Getreide-flocken**	8 EL
50 g	**Obst**	125 g

Variationen

Mildes Obst

Apfel, Aprikose, Banane, Birne, Blaubeere, Brombeere, Erdbeere, Himbeere, Kaki & Sharon, Kirsche, Mango, Melone, Pfirsich, Nektarine oder Pflaume

Bekömmliche Getreideflocken

Dinkel, Hafer, Hirse, Weizen oder Reis

Babys Top-3

- Hafer-Bananen-Müsli
- Hafer-Apfel-Müsli
- Dinkel-Blaubeer-Müsli

- Die Milch in einem Topf erwärmen und heiß werden lassen. Die Flocken in eine Schüssel geben. Mit der warmen Milch übergießen. Die Flocken darin einige Minuten quellen lassen, bis sie schön weich sind.

- In der Zwischenzeit das Obst waschen, eventuell schälen und entkernen. Je nach Sorte entweder mit der Gabel zerdrücken, klein schneiden oder fein raspeln. Das Obst zu den Flocken geben und unterrühren. Das Müsli frisch zubereitet servieren.

Hafer-Bananen-Müsli ▶

Mandel-Frucht-Streich

Viele Kleinkinder haben eine Vorliebe für Süßes. Eine ausgewogene Alternative zu gekauften Brot-Aufstrichen ist dieses Mus mit Banane und getrocknetem Obst.

Grundrezept   5 Min.

Für 2 Brote
- 1 EL **Trockenobst**
- ½ **Banane**
- 1 EL **Mandelmus**

Variationen

Getrocknetes Obst
Ananas, Apfel, Aprikose, Cranberries, Dattel, Feige, Mango, Pflaume, Rosinen

Babys Top-3
- Mandel-Dattel-Streich
- Mandel-Aprikosen-Streich
- Mandel-Rosinen-Streich

- Das Trockenobst in ein Sieb geben und unter fließendem Wasser abspülen. Abtropfen lassen und danach mit einem Messer ganz fein hacken.

- Die Banane mit der Gabel zerdrücken. Das gewürfelte Trockenobst und das Bananenmus zusammen mit dem Mandelmus in eine Schüssel geben und gut vermischen. Auf zwei Broten verteilen und servieren.

Mandel-Aprikosen-Streich ▶

Gemüse-Getreide-Suppe

Diese Gemüsesuppe hat als Basis schmackhaften Tomatensaft und ist deshalb auch ohne Salz und weitere Gewürze wunderbar würzig.

Grundrezept		30 Min.

100 g	**Gemüse**	250 g
1 EL	**Rapsöl**	2–3 EL
150 ml	**Tomatensaft**	425 ml
100 ml	**Wasser**	250 ml
30 g	**Getreide**	75 g

Variationen

Gut verträgliches Gemüse

Blumenkohl, Brokkoli, Artischocke, Erbsen, Fenchel, Kohlrabi, Kürbis, Mais, Möhre, Pastinake, Steckrübe, Süßkartoffel, Tomaten, Zucchini, Aubergine, Paprika, Champignons

Bekömmliches Getreide

Bulgur, Couscous, Weizenkörner, Graupen, Grünkernschrot, Hirse oder Reis

Babys Top-3

- Zucchini-Auberginen-Suppe mit Bulgur
- Paprika-Fenchel-Suppe mit Grünkernschrot
- Erbsensuppe mit Reis

- Das Gemüse putzen, je nach Sorte eventuell schälen und fein würfeln. Das Öl in einem Topf erhitzen und die Gemüsewürfel darin einige Minuten sanft andünsten. Mit Tomatensaft und Wasser ablöschen. Das Getreide zugeben und alles je nach Packungsanweisung ca. 15 bis 20 Min. sanft köcheln lassen, bis alles schön weich ist. TK-Gemüse nicht vorher anschwitzen, sondern nach Packungsanweisung kurz vor Ende der Garzeit mit in den Kochtopf geben.

- Den Topf von der Herdplatte nehmen. Für Babys, die schon Stückchen mögen, braucht man die Suppe nicht mehr zu pürieren. Sonst die Suppe noch ganz kurz mit dem Pürierstab durchmixen.

- Die Suppe frisch gekocht servieren. Sie eignet sich auch prima zum Einfrieren für den Vorrat.

Zucchini-Auberginen-Suppe mit Bulgur ▶

11. – 15. MONAT

4

Grundrezept	30 Min.

50 g	**Hühnerfleisch**	125 g
80 g	**Gemüse**	200 g
1 TL	**Rapsöl**	1 EL
200 ml	**Wasser**	500 ml
20 g	**Suppennudeln**	50 g

Variationen

Gut verträgliches Gemüse
Blumenkohl, Brokkoli, Erbsen, Artischocke, Fenchel, Kohlrabi, Kürbis, Mais, Möhre, Pastinake, Steckrübe, Süßkartoffel, Tomaten, Zucchini

Hühner-Gemüse-Suppe

Sie wärmt nach einem langen Winter-Spaziergang und hilft bei Erkältung: Manchmal muss es einfach Mamas selbst gekochte Hühnersuppe sein.

Babys Top-3
- Hühnersuppe mit Blumenkohl und Brokkoli
- Hühnersuppe mit Kohlrabi und Möhren
- Hühnersuppe mit Erbsen und Pastinake

- Das Hühnerfleisch unter fließendem Wasser abspülen und mit Küchenpapier trocken tupfen. In 1 cm große Würfel schneiden. Das Gemüse waschen, je nach Sorte eventuell schälen und entkernen und klein würfeln.

- Das Rapsöl in einem Topf erhitzen. Die Gemüse- und Fleischwürfel darin bei mittlerer Hitze 1 bis 2 Min. sanft anbraten. Immer wieder umrühren, damit nicht zu viel Bräune entsteht.

- Das Wasser dazugießen und alles zugedeckt ca. 20 Min. köcheln lassen, bis das Gemüse schön weich ist. Je nach Packungsanweisung kurz vor Ende der Garzeit die Suppennudeln dazugeben und mitkochen lassen. Die Erwachsenenportion nach Belieben etwas nachwürzen. Die Suppe frisch gekocht servieren oder einfrieren.

Tipp

Wer mehr Zeit hat, setzt 2 bis 3 Hühnerschenkel oder ein ganzes Huhn in kaltem Wasser auf und lässt alles eineinhalb Stunden köcheln. Dann das Fleisch vom Knochen lösen, in kleine Stücke schneiden und zusammen mit dem klein geschnittenen Gemüse und den Nudeln in die Brühe geben. Nochmal so lange kochen lassen, bis das Gemüse weich ist – fertig!

Hühnersuppe mit Erbsen und Pastinake ▶

Gemüse-Bolognese

Vollkorn-Nudeln spenden viel Energie und halten lange satt, Hackfleisch steckt voll gesundem Eisen und die Tomaten-Gemüse-Sauce liefert reichlich Vitamine.

Grundrezept		25 Min.	
50 g	Gemüse	125 g	
1 TL	Rapsöl	1 EL	
40 g	Hackfleisch	100 g	
1 TL	Tomatenmark	1 EL	
100 g	Dosentomaten	250 g	
40 g	Vollkorn-Nudeln	100 g	

Variationen

Gut verträgliches Gemüse

Blumenkohl, Brokkoli, Erbsen, Fenchel, Kohlrabi, Kürbis, Mais, Möhre, Pastinake, Steckrübe, Süßkartoffel, Zucchini, Artischocke, Aubergine, Paprika, Champignons

Babys Top-3
- Vollkorn-Nudeln mit Auberginen-Bolognese
- Vollkorn-Nudeln mit Paprika-Bolognese
- Vollkorn-Nudeln mit Möhren-Bolognese

- Das Gemüse waschen, eventuell schälen und entkernen und fein würfeln. Das Rapsöl in einer Pfanne erhitzen. Das Hackfleisch darin 3 bis 4 Min. sanft anbraten. Immer wieder umrühren, damit das Hackfleisch schön krümelig, aber nicht zu braun wird.

- Gemüse, Tomatenmark und Tomaten dazugeben. Alles bei mittlerer Hitze etwa 10 Min. sanft köcheln lassen. In der Zwischenzeit das Wasser für die Nudeln erhitzen. Die Nudeln nach Packungsanweisung garen. Nudeln in ein Sieb geben, abtropfen lassen.

- Die Nudeln für das Baby eventuell etwas mit der Gabel zerdrücken und zusammen mit der Sauce servieren. Die Elternportion am Tisch eventuell noch etwas nachwürzen. Die Sauce lässt sich auch prima für den Vorrat einfrieren.

Vollkorn-Nudeln mit Möhren-Bolognese ▶

Gemüsereis mit Fisch

Hier garen Gemüse und Reis schonend in einem Topf. Der Vorteil: Anstatt das nährstoffreiche Gemüse-Kochwasser wegzuschütten, quillt darin der Reis und bekommt auch ein tolles Aroma.

Grundrezept		30 Min.
100 g	**Gemüse**	250 g
2 TL	**Rapsöl**	2 EL
40 g	**Vollkornreis**	100 g
150 ml	**Wasser**	375 ml
50 g	**Fischfilet**	125 g

Variationen

Gut verträgliches Gemüse

Blumenkohl, Brokkoli, Erbsen, Fenchel, Kohlrabi, Kürbis, Artischocke, Mais, Mangold, Möhre, Pastinake, Spinat, Steckrübe, Süßkartoffel, Tomaten, Zucchini, Aubergine, Paprika, Champignons

Zartes Fischfilet

Lachs, Hering, Kabeljau, Makrele, Pangasius, Rotbarsch oder Seelachs

Babys Top-3

- Champignonreis mit Seelachs
- Brokkolireis mit Lachs
- Erbsenreis mit Kabeljau

- Das Gemüse waschen, eventuell schälen und entkernen. In feine Würfel schneiden und bei mittlerer Hitze in der Hälfte des Öls 1 bis 2 Min. unter ständigem Rühren andünsten.

- Den Reis hinzufügen und mit Wasser ablöschen. Je nach Reissorte ca. 10 bis 20 Minuten sanft köcheln lassen, bis die Flüssigkeit fast verkocht ist. Dabei immer wieder umrühren und eventuell noch etwas Flüssigkeit nachgießen. TK-Gemüse nicht vorher andünsten, sondern nach Packungsanweisung erst kurz vor Ende der Garzeit mit zum Reis geben.

- Das Fischfilet abspülen, mit Küchenpapier trocken tupfen und im restlichen Öl von jeder Seite ca. 3 bis 4 Min. bei mittlerer Hitze sanft anbraten. Für das Baby eine kleine Menge abnehmen und in Stücke schneiden. Zusammen mit dem Gemüsereis anrichten. Die Elternportion etwas nachwürzen.

Brokkolireis mit Lachs ▶

Rahmkartoffeln, Gemüse und Fleisch

Verfeinert mit einer cremigen Frischkäsesauce schmecken Kartoffeln, Möhre & Co. oft auch Kleinkindern, die Gemüse sonst ablehnen.

Grundrezept		30 Min.
100 g	Kartoffeln	250 g
80 g	Gemüse	200 g
40 g	Steak	100 g
1 TL	Rapsöl	1 EL
2 EL	Milch	5 EL
1 EL	Doppelrahm-Frischkäse	2–3 EL

Variationen

Gut verträgliches Gemüse
Blumenkohl, Brokkoli, Erbsen, Fenchel, Artischocke, Kohlrabi, Kürbis, Mais, Mangold, Möhre, Pastinake, Spinat, Steckrübe, Süßkartoffel, Tomaten, Zucchini, Paprika, Champignons

Zartes Steak
Rind, Kalb, Schwein, Lamm, Pute, Hähnchen

Babys Top-3
- Rahmkartoffeln mit Erbsen und Schwein
- Rahmkartoffeln mit Süßkartoffel und Lamm
- Rahmkartoffeln mit Spinat und Hähnchen

- Die Kartoffeln schälen, in kleine Würfel schneiden und in wenig Wasser in 10 bis 15 Min. gar kochen. Das Gemüse waschen, putzen, eventuell schälen und entkernen. Das Gemüse fein würfeln und in wenig Wasser in ca. 5 bis 10 Min. weich dünsten. TK-Gemüse nach Packungsanweisung zubereiten.

- Das Fleisch unter fließendem Wasser abspülen und mit Küchenpapier trocken tupfen. Das Steak im Öl von jeder Seite ca. 2 bis 4 Min. sanft anbraten, bis es durchgegart ist.

- Die Kartoffeln abgießen. Die Milch zu den Kartoffeln geben und den Frischkäse einrühren. Alles gleichmäßig verrühren und einmal aufkochen lassen. Das Fleisch für das Baby in kleine Stückchen schneiden. Das Gemüse abgießen und mit den Rahmkartoffeln und dem Steak anrichten.

Rahmkartoffeln mit Erbsen und Schwein ▶

11. – 15. MONAT

4

Grundrezept 25 Min.

Für 16 Kugeln

140 g **Kartoffeln**
100 g **Gemüse**
30 g **Käse**
1 Ei **(Größe M)**
3 EL **zarte Getreideflocken**
2 **gehäufte EL Mehl**
4–5 EL **Rapsöl**
1 **Becher Naturjoghurt**
2 EL **frische Kräuter**

Variationen

Gut verträgliches Gemüse
Fenchel, Kürbis, Möhre, Süßkartoffel, Zucchini

Milder Käse
Butterkäse, Emmentaler, Gouda, Mozzarella

Gemüsekugeln

Schnell gemacht sind die Kugeln aus Kartoffeln und Gemüseraspeln. Fix und fertig gebraten, eignen sie auch gut als kleine Mahlzeit für unterwegs, da sie auch kalt lecker sind.

Babys Top-3
- Fenchelkugeln mit Emmentaler
- Zucchinikugeln mit Mozzarella
- Möhrenkugeln mit Gouda

- Die Kartoffeln schälen. Das Gemüse putzen, je nach Sorte eventuell schälen und entkernen. Beides auf der Gemüsereibe raspeln. Den Käse ebenfalls raspeln. Alles in eine Schüssel geben.

- Das Ei zufügen und unterrühren. Getreideflocken und Mehl zufügen und untermischen. Das Rapsöl in einer Pfanne erhitzen. Aus dem Teig 16 walnussgroße Kugeln formen und diese ca. 8 Min. rundherum sanft im Öl anbraten.

- Die Kugeln auf Küchenpapier legen und etwas auskühlen lassen. Den Joghurt nach Belieben mit frischen Kräutern verrühren. Die Gemüsekugeln warm oder kalt servieren, dazu die Joghurtsauce reichen.

Möhrenkugeln mit Gouda ▶

Gebackenes Käse-Sandwich

Immer nur kaltes Käsebrot? Für Abwechslung sorgt dieses warme Sandwich, das bestimmt der neue Favorit am Abendbrottisch wird.

Grundrezept   10 Min.

Für 1 Sandwich

- 30 g **Gemüse**
- 2 EL **geriebener Käse**
- 2 **Scheiben Vollkorntoast**
  Rapsöl

Variationen

Gut verträgliches Gemüse

Champignons, Fenchel, Gurke, Möhre, Paprika, Tomate und Zucchini können roh ins Sandwich. Artischocke, Aubergine, Blumenkohl, Brokkoli, Erbsen, Kürbis, Mais, Mangold, Pastinake, Spinat, Süßkartoffel schmecken ebenfalls, müssen jedoch vorgekocht werden.

Geraspelter Käse

Butterkäse, Emmentaler, Gouda, Mozzarella

Babys Top-3
- Champignon-Sandwich mit Gouda
- Tomaten-Sandwich mit Mozzarella
- Möhren-Sandwich mit Emmentaler

- Das Gemüse waschen und putzen. Harte Gemüsesorten auf der Gemüsereibe raspeln, weichere Sorten klein würfeln. Das Gemüse mit dem Käse vermischen und auf einer Toastscheibe verteilen. Den zweiten Toast darauflegen.

- Den Sandwichtoaster oder eine beschichtete Pfanne mit Rapsöl auspinseln und heiß werden lassen. Den Toast im Sandwichtoaster 3 bis 4 Min. backen, in der Pfanne bei milder Hitze von jeder Seite ca. 2 Min. Das Sandwich etwas abkühlen lassen und servieren.

Champignon-Sandwich mit Gouda ▶

Vollkorn-Waffeln

Dieses Rezept ist schon für die ganz Kleinen geeignet. In den Teig kommt nur wenig Butter und bis auf etwas Puderzucker zum Bestäuben ist absolut kein Zucker drin.

Grundrezept
15 Min. + 20–30 Min. Backzeit

Für 8 Stück

150 g	**Obst oder Gemüse**
80 g	**Butter**
3	**Eier**
300 g	**Weizen- oder Dinkelvollkornmehl (alternativ Type 630 oder 1050)**
320 ml	**Milch**
	Rapsöl
	Puderzucker zum Bestäuben

Variationen

Obst oder Gemüse
Apfel, Birne (nicht zu weich), Kürbis, Möhre, Zucchini

Babys Top-3
- Weizen-Apfel-Waffeln
- Dinkel-Möhren-Waffeln
- Dinkel-Kürbis-Waffeln

- Obst oder Gemüse waschen und putzen. Auf einer Reibe raspeln.

- Butter und Eier mit den Schneebesen des Handrührers schaumig rühren. Mehl und Milch abwechselnd in kleinen Mengen zufügen und unterrühren. Zum Schluss die Obst- bzw. Gemüseraspel unterrühren. Den Teig 5 Min. ruhen lassen, damit das Mehl quellen kann.

- Das Waffeleisen mit Rapsöl bestreichen und den Teig portionsweise darin 3 bis 5 Min. pro Waffel backen und nach Belieben mit etwas Puderzucker bestäuben.

TIPP
Übrig gebliebene Waffeln können Sie prima einfrieren. Dazu immer eine Lage Butterbrotpapier zwischen die Waffeln legen und zum Auftauen im Toaster erwärmen.

Weizen-Apfel-Waffeln ▶

Fruchtmuffins

Diese Leckerei macht Babys ab dem ersten Geburtstag doppelt Spaß: Erst dürfen sie beim Rühren helfen, dann darf genascht werden!

Grundrezept
10 Min. + 15 Min. Backzeit

Für 12 Stück
2	**Eier**
80 g	**Zucker**
100 ml	**Rapsöl**
200 ml	**Milch**
240 g	**Weizen- oder Dinkelvollkornmehl (alternativ Type 630 oder 1050)**
2 TL	**Backpulver**
1	**Prise Salz**
100 g	**Obst**
	Nach Belieben ½ TL Zimt, 2 EL Rosinen oder 2 EL Kakaopulver
	Papierförmchen für Muffins

Variationen

Mildes Obst
Apfel, Aprikose, Banane, Birne, Blaubeere, Brombeere, Erdbeere, Himbeere, Kirsche, Kiwi, Mandarine, Mango, Orange, Pfirsich, Pflaume, Nektarine, Weintraube

Babys Top-3
- Dinkel-Apfel-Muffins mit Zimt
- Weizen-Bananen-Muffins mit Rosinen
- Dinkel-Himbeer-Muffins mit Kakao

- Den Backofen auf 200 Grad vorheizen. Eier und Zucker mit den Quirlen des Handrührers schaumig rühren. Rapsöl und Milch unterrühren. Mehl, Backpulver und Salz zufügen und untermischen.

- Das Obst je nach Sorte eventuell schälen, entkernen und in kleine Stücke schneiden. Unter den Teig mischen. Kleine Beerenfrüchte im Ganzen unterrühren. Den Teig nach Belieben mit Zimt, Rosinen oder Kakaopulver verfeinern. Die Papierförmchen in das Muffinblech setzen und zu zwei Dritteln mit Teig befüllen.

- Die Muffins auf der mittleren Schiene 14 bis 18 Min. backen, bis kein Teig mehr an einem Holzspießchen haften bleibt.

Tipp

In der Apotheke und in einigen Reformhäusern bekommt man den milderen Ceylon-Zimt. Dieser enthält im Gegensatz zum herkömmlichen, günstigeren Cassia-Zimt kein Cumarin bzw. nur eine sehr geringe, unkritische Menge des Schadstoffs.

Dinkel-Apfel-Muffins mit Zimt ▶

Register

SERVICE

Liebe Leserin, lieber Leser,

hat Ihnen dieses Buch weitergeholfen? Für Anregungen, Kritik, aber auch für Lob sind wir offen. So können wir in Zukunft noch besser auf Ihre Wünsche eingehen. Schreiben Sie uns, denn Ihre Meinung zählt!

Ihr TRIAS Verlag
E-Mail-Leserservice: heike.schmid@medizinverlage.de
Lektorat TRIAS Verlag, Postfach 30 05 04, 70445 Stuttgart, Fax: 0711-8931-748

Breifahrplan – welcher Brei wann?

Von den ersten Löffeln bis zur Familienkost – Das isst und trinkt mein Baby im ersten Lebensjahr

Tageszeit	Stufe 1 Ab dem 5. Monat	Stufe 2 Ab dem 6. Monat	Stufe 3 Ab dem 9. Monat	Stufe 4 Ab dem 11. Monat
Morgens	Milch	Milch	Milch	Zartes Müsli oder Vollkornbrot mit Butter Getränk: Wasser
Vormittag	Milch	Milch	Milch Optional: Obst-Getreide-Brei, Zwieback-Brei, Reiswaffel, Knäckebrot, frisches Obst Getränk: Wasser	Reiswaffel, Knäckebrot, frisches Obst Getränk: Wasser
Mittags	Milch + erste Löffelversuche, z. B. mit Gemüsepüree, alternativ Obstpüree oder Getreideflocken mit Wasser verrührt	Gemüse-Kartoffel-Fleisch/Fisch-Brei bzw. vegetarischer Gemüse-Kartoffel-Brei Getränk: Wasser	Gemüse-Kartoffel-Brei mit Fleisch/Fisch oder vegetarisch, Suppen oder sämiges Risotto mit ersten Stückchen Getränk: Wasser	Erstes einfaches, mit der Gabel zerdrücktes kleinkindgerechtes Mittagessen, angenähert an das übliche Familienessen Getränk: Wasser

Tageszeit	Stufe 1 Ab dem 5. Monat	Stufe 2 Ab dem 6. Monat	Stufe 3 Ab dem 9. Monat	Stufe 4 Ab dem 11. Monat
Nachmittag	Milch	Milch

Optional: Obst-Getreide-Brei

Getränk: Wasser | Obst-Getreide-Brei, Zwieback-Brei

Getränk: Wasser | Frisches Obst, Zwieback, Reiswaffel, Knäckebrot, Trockenobst

Getränk: Wasser |
| Abends | Milch | Milch

Optional: Getreide-Milch-Brei

Getränk: Wasser | Getreide-Milch-Brei

Getränk: Wasser | Vollkornbrot mit Butter, Frischkäse, Scheibenkäse oder Schinken, etwas Rohkost

Getränk: Wasser |

Wichtig: Die Altersangaben entsprechen dem frühestmöglichen Zeitpunkt zum Einführen der unterschiedlichen Breie und Speisen, angelehnt an die Empfehlungen des Deutschen Forschungsinstituts für Kinderernährung (www.fke-do.de). Wahrscheinlich wird Ihr Baby anfangs nach den Mahlzeiten noch häufig Milch trinken wollen, denn in den ersten Lebensmonaten wird sein Nährstoffbedarf noch zu einem Großteil durch Milch gedeckt. Komplette Milchmahlzeiten können – wenn Baby und Mama es möchten – natürlich auch erst zu einem späteren Zeitpunkt ersetzt werden.

Flexibel bleiben: Die einzelnen Bausteine des Ernährungsplans können an die Bedürfnisse Ihres Baby angepasst und verschoben werden. Wird in Ihrer Familie abends warm gegessen, gibt's den Gemüse-Kartoffel-Fleisch-Brei zum Abendbrot. Genauso gut kann der Obst-Getreide-Brei auch zuerst die morgendliche Zwischenmahlzeit ersetzen, etwa wenn das Baby dann in die Krippe oder zur Tagesmutter geht.

Bibliografische Information
der Deutschen Nationalbibliothek
Die Deutsche Nationalbibliothek verzeichnet
diese Publikation in der Deutschen Nationalbib-
liografie; detaillierte bibliografische Daten sind
im Internet über http://dnb.d-nb.de abrufbar.

Programmplanung: Uta Spieldiener

Redaktion: Anja Fleischhauer
Bildredaktion: Christoph Frick

Umschlaggestaltung und Layout: CYCLUS Visuelle
Kommunikation, Stuttgart

Bildnachweis:
Umschlagfoto: Meike Bergmann, Berlin
Fotos im Innenteil: Meike Bergmann, Berlin

1. Auflage 2012

© 2012 TRIAS Verlag in MVS Medizinverlage
Stuttgart GmbH & Co. KG
Oswald-Hesse-Straße 50, 70469 Stuttgart

Printed in Germany

Satz und Repro: Fotosatz Buck, Kumhausen
gesetzt in: Adobe InDesign CS5
Druck: AZ Druck- und Datentechnik GmbH,
Kempten

Gedruckt auf chlorfrei gebleichtem Papier

ISBN 978-3-8304-3998-1   1 2 3 4 5 6

Auch erhältlich als E-Book:
eISBN (PDF)   978-3-8304-3999-8
eISBN (ePub) 978-3-8304-6562-1

Besuchen Sie uns auf facebook!
www.facebook.com/
mama.mag.trias